SHODENSHA
SHINSHO

軍務局長　武藤章

岩井秀一郎

JN110475

祥伝社新書

はじめに

床の間の写真

通された応接間には、「その男」に関するものが置かれていた。真っ先に目に留《と》まったのは、床の間に置かれた額縁入りの大きな肖像写真である。がっしりとした顎《あご》を持つ大きめな頭と、意志の強さをうかがわせる眼差《まなざ》し。その顔立ちを際立たせるような丸眼鏡《めがね》に、軍服姿で左手は軍刀の柄《つか》を握っている。

軍刀を携えて

北支那方面軍参謀副長、陸軍少将時。昭和14(1939)年頃　（武藤家所蔵）

男の名は、武藤章《むとうあきら》。元陸軍中将で、かつて軍務局長という枢要な地位にあった軍人である。二〇二三年夏、筆者は福岡県にある武藤邦弘《くにひろ》・京子《きょうこ》夫妻の自宅を訪れていた。邦弘氏は、武藤の兄・直也《なおや》の孫、つまり武藤章の大甥《おおおい》にあたる。

邦弘氏からは、「世代が違うので、武藤

章についてはあまり詳しくなくて……」と聞いていた。しかし、自宅には武藤章とのつながりを証明するものがあり、世代を経て確かに刻《きざ》まれてきたことを感じた。

武藤は昭和二十三(一九四八)年十二月二十三日、いわゆる「A級戦犯」の七人のうちの一人として処刑された。七人とは、東條英機《とうじようひでき》、板垣征四郎《いたがきせいしろう》、木村兵太郎《きむらへいたろう》、土肥原賢二《どひはらけんじ》、松井石根《まついいわね》、武藤章、広田弘毅《ひろたこうき》である。広田以外はすべてが陸軍軍人で、武藤以外は陸軍大将であった。さらに言えば、武藤は七人のなかで最年少でもある。

しかし、階級や年齢とは別に、武藤の存在感はこの七人、というより昭和の陸軍軍人のなかでも格別なものがあった。

たとえば、広田弘毅(元首相、外相)が組閣した際も、武藤の影がちらついている。軍務局軍事課高級課員だった武藤は、新陸相に予定されていた寺内寿一《てらうちひさいち》を通じ、広田らが用意した組閣名簿にクレームを入れ、そのなかの幾人かの変更を迫ったとされている。

もう一つ有名なエピソードがある。武藤が関東軍第二課長(情報課長)時代の話だ。武藤ら関東軍は、満洲《まんしゆう》で内蒙古《うちもうこ》の徳王《とくおう》(ドムチョクドンロプ)に協力し、彼らの独立運動に力を貸していた(内蒙工作)。しかし、これは陸軍中央の方針と異なるため、参謀本部から

武藤家の系図

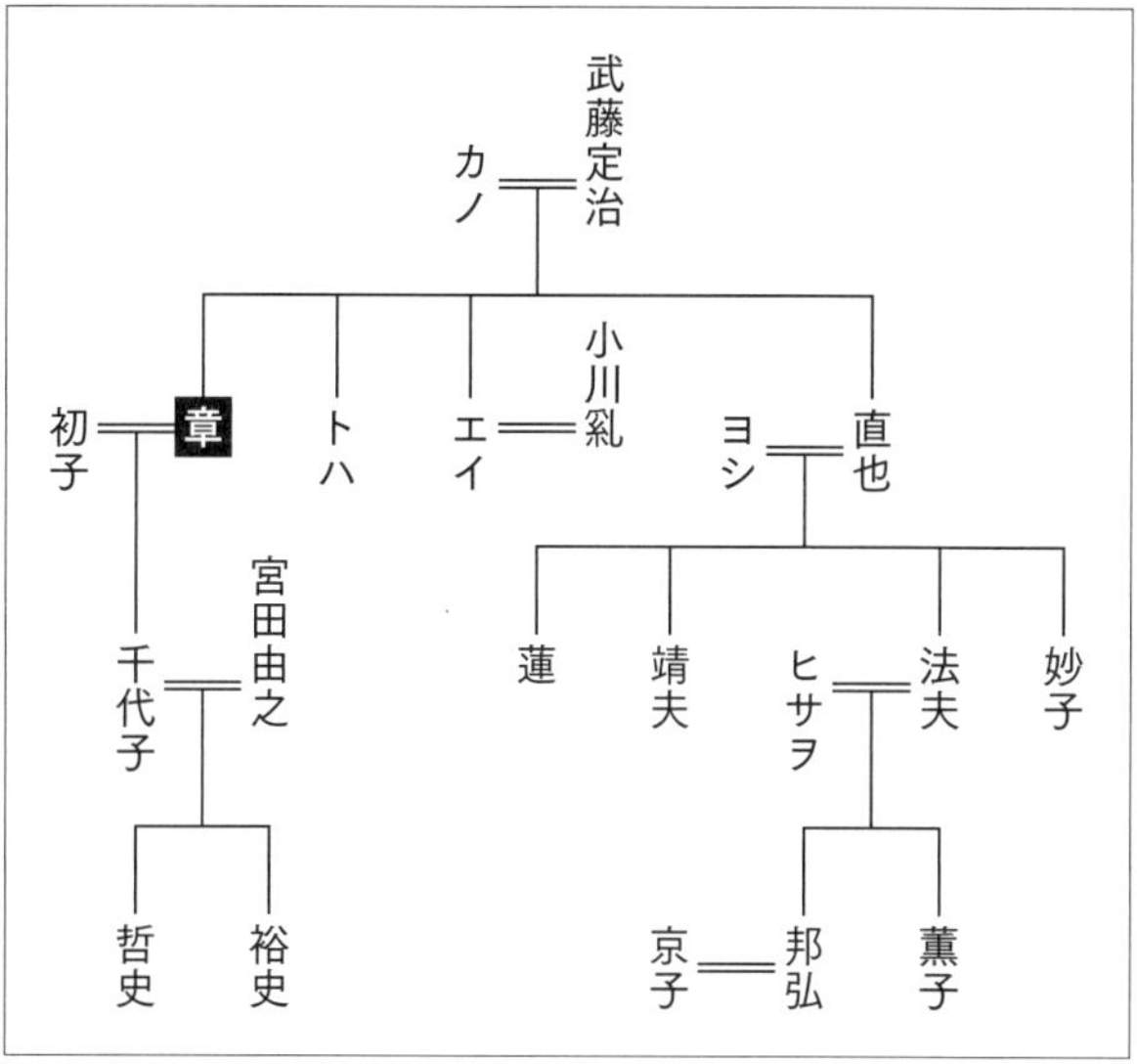

戦争指導課長の石原莞爾《いしわらかんじ》が中止勧告に来た。これに武藤は、「私たちは、石原さんが満州事変の時、やられたものを模範としてやっているものです」（今村均「満州火を噴く頃」）と切り返して石原を黙らせたという。

二つの戦争

武藤は生涯において、二つの大きな戦争の勃発に立ち会った。一つは発生当時は「支那《しな》事変」と呼ばれた日中戦争、もう一つは大東亜戦争（太平洋戦争）である。武藤は前者において参謀本部作戦課長、後者において陸軍省軍務局長として関与した。

この二つの局面における武藤の態度は、一見すると対照的に見える。たとえば、昭和十二（一九三七）年に盧溝橋《ろこうきょう》事件が起きた際、武藤は「愉快なことが起《おこ》ったね」（小林龍夫・稲葉正夫・島田俊彦編『現代史資料(12) 日中戦争㈣』）と言っている。偶発的な日中の衝突を奇貨として、中国側に強烈な一撃を加えることができる、とみたのである。

しかしその後、対米関係が悪化し、開戦が視野に入り始めた段階では、武藤は対米交渉の打ち切りを主張する参謀本部と対立し、武力衝突を避けようとした。詳細は本文で述べるが、武藤はこの時、士官学校同期で親しい友人でもあった参謀本部第一部長（作戦部長）の田中新一《たなかしんいち》と激しく対立している。

この時期の武藤について、一つの挿話を語ってくれたのは宮田裕史《みやたひろし》氏である。宮田氏は武藤の娘（養女）千代子《ちよこ》の長男、つまり武藤の孫にあたる。

「母は官舎に軍人が土足で上がり込んできて怖かった、という話をしていました」

具体的な日時や、その軍人が誰かなど詳細は定かではないものの、殺気だった雰囲気が伝わってくる。武藤が兄事していた永田鉄山《ながたてつざん》が、同じ軍務局長時代に白昼殺害されたことを思えば、武藤の仕事を「命がけ」と表現することもあながち大袈裟《おおげさ》ではないだろう。

日中戦争と太平洋戦争、この二つに臨《のぞ》んだ武藤の姿勢のコントラストははっきりしている。では、武藤はいかなる考えのもとに、二つの歴史の転換点に対処したのか。

「無徳」と呼ばれて

武藤はその妥協しない振る舞いから、名前を捩《もじ》って「無徳」などと言われることもあった。「傍若無人《ぼうじやくぶじん》で人を食っている」「有学有識なれど有徳ならず、即ち無徳（ムトク）なり」（武藤章著、上法快男編『軍務局長 武藤章回想録』）などと評されたらしい。確かに、前述した石原莞爾への反論など、「傍若無人」の評価を裏書きしているようにも見える。

武藤は気が強く、また自信家でもあった。自分の主張を通す際も躊躇《ちゆうちよ》するところはなかった。頭の回転も速く、議論にも強い。彼と敵対した人間にとっては、「傍若無人」「無徳」に見えたかもしれない。

ただし人望がなかったかと言えば、そうではない。武藤は強気で強面《こわもて》の面があるいっぽう、人物を評価する目は平等で、交際範囲も広かった。信頼した人間には目をかけ、軍籍にない人々とも積極的に交《まじ》わった。

武藤が特に親しかった人物に、東條内閣で内務大臣を務めた湯沢三千男《ゆざわみちお》がいる。湯沢は戦後、武藤を「一介の武弁《ぶべん》ではなく、文学青年といわれた程《ほど》、よく読書し、学も識も博《ひろ》く高かった」(湯沢三千男『天井を蹴る』)と評している。

同じく内務省出身で、第二次近衛文麿《このえふみまろ》内閣で書記官長(現・官房長官)を務めた富田健治《とみたけんじ》との関係も、武藤の人柄を表している。富田は意見の相違から武藤とよく激論を交《か》わしたが、富田によれば、武藤は富田に対して「誠意だけは認める。意見は別」と述べ、富田も「常に気持ちよく交渉のできたことを私は喜んでいる」(川田稔編『近衛文麿と日米開戦』)と、良きライバルであったことを振り返っている。

これらから、他人との交際について分《わ》け隔《へだ》てのない性格だったことがうかがえる。「分け隔てのない」とは、相手の意見が違っても認めるところは認めることであり、逆に言えばダメならばダメとはっきり言い切ることでもある。これは、人によっては「傍若無人な」「無徳」と映《うつ》ったかもしれない。

昭和史の鍵を握る男

東京裁判（極東国際軍事裁判）の判決が武藤に下されたのは、昭和二十三（一九四八）年十一月十二日のことだ。前述のように、判決は死刑。同じく死刑判決を受けた東條英機は、「君を巻添《まきぞえ》に会わして気の毒だ。まさか君を死刑にするとは思わなかった」（武藤章『比島から巣鴨へ』）と言った。

武藤には、実子がなかった。中尉時代に、当時の陸軍次官を務めていた尾野実信《おのみのぶ》中将の長女・初子《はつこ》と結婚したが、子供は養女の千代子だけだった。そのためもあってか、武藤は兄・直也の息子である法夫《のりお》を可愛がったという。

「実子の男児がいなかったことから、たいそう可愛がられたようです。巣鴨《すがも》（拘置所）にもたびたび訪ねていたと聞いております」

法夫の長男である邦弘氏はそう語る。邦弘氏によれば、法夫は旅客機の無い時代に、住んでいた福岡から巣鴨まで訪ねていた。法夫が結婚したと聞けば、「これでお前も一人前になった」と我が子のことのように喜んだ武藤であった（京子氏談）。

武藤の獄中日記にも、親族が面会に来る様子がたびたび記されている。十一月十二日、判決の直前にも、妻の初子と娘の千代子が面会に来ており、宣告前ではあるが、極刑を確信した武藤の話を聞いている。

初子も千代子も泣いていた。二人とも「お父さんが残虐などまるで嘘だ。弁護士さんたちも、その方は安全だと云《い》っていたのに……」と云う。私はこれで満足である。

（武藤『比島から巣鴨へ』）

武藤は、家族の理解を得たことを確信して「満足」したようだ。

戦前から戦中、陸軍の要職を務め、陸軍中将になった武藤は、郷土・熊本の英雄的存在だった。邦弘氏・京子氏は、武藤が帰京すると村の人々が列を作って出迎えたことを法夫から聞いている。それは戦後も変わらず、福岡からたびたび帰郷する法夫に対しても、村の人々は温かく出迎えた。ここには、武藤の兄・直也が一時期、村長を務めていたことも影響しているだろう。

日暮吉延《ひぐらしよしのぶ》帝京大学教授は、武藤を「日本政治史において、とらえにくい人物」と評している（武藤『比島から巣鴨へ』の「解説」）。確かに、武藤は政治に興味を持ち、近衛文麿の新体制運動にも関与した。しかし日米関係が悪化すると、その修復を行おうと努力している。強硬派との衝突も辞さず、交渉の妥結に望みをかけた。その武藤が、なぜ絞首台に消えねばならなかったのだろうか。

昭和史の折々に存在感を発揮した武藤、その「とらえにくい」人物像をとらえ直すことができれば、日本が戦争に至る複雑怪奇な道、昭和戦前期に、新たな光を当てることができるのではないか——。そんな考えから、武藤章を調べる旅が始まった。どうか、最後までおつきあいいただきたい。

二〇二四年一月

岩井《いわい》秀一郎《しゅういちろう》

目次

はじめに

床の間の写真 3
二つの戦争 5
「無徳」と呼ばれて 7
昭和史の鍵を握る男 9

第一章 煩悶――軍人に向いていない青年

武藤家の人たち 22
平凡な成績と耽読癖 24
同期の〝親友〟田中新一 27
世間の冷たい眼 30
軍人を辞めよう…… 32
ドイツ視察 37
ある出会い 40
クラウゼヴィッツ、孫子の比較研究 44

第二章　派閥抗争

満洲事変　50
一夕会　53
第一次世界大戦の分析　56
的中した、第二次世界大戦の予想　60
血まみれの軍服　63
武藤宅に来た皇道派将校たち　67
軍政の中心へ　70
二・二六事件　73
組閣への横槍　77
政治介入はあったのか　79

第三章　日中戦争

綏遠事件　86
食い違う証言　88

内蒙工作 90
戦争指導課の新設 94
武藤の意外な一面 97
盧溝橋事件 100
事件の対応をめぐる二つの意見 103
停戦 106
二転三転 109
石原莞爾との対立 113
続発する事件 117
全面戦争へ 121
参謀本部の改変 124
なぜ拡大したのか 127

第四章 軍務局長(1) 新体制運動

傲慢不遜 132
打ち砕かれた楽観 135

軍務局長就任 138
なぜ激怒したのか 141
政治への関与 145
近衛文麿の担ぎ出し 149
「総合国策十カ年計画」 151
大政翼賛会の発足 155
〝政治家〟武藤章 159

第五章 軍務局長(2) 日米交渉

日独伊三国同盟 164
北部仏印進駐における不祥事 166
武藤の分析① 国際情勢の推移 169
武藤の分析② 国防国家体制 173
武藤の分析③ 対アメリカ、対ソ連、対中国 177
武藤の分析④ 経済政策 180
日米交渉、始まる 184

松岡洋右の反発 187
松岡の真意 189
独ソ開戦の衝撃 191
強硬論と慎重論 192
ドイツ勝利への疑い 196
関東軍特種演習 199
ソ連の無線封止 201
アメリカの対日石油禁輸 205
近衛・ルーズベルト会談 208
対米戦争の準備 211
難色を示した昭和天皇 214
武藤の限界 215

第六章 軍務局長(3) 開戦へ

東條英機内閣の誕生 224
ジレンマ 227

戦争回避のための非常手段 230
甲案と乙案 233
二つの「Risk」 236
なぜ不合理な選択をしたのか 241
ハル・ノートの謎 243
「勝てる見込みはない」 246

第七章 師団長として

開戦と晴れない心 252
今村均への不満 254
東條英機との確執 257
スマトラ独立を容認 261
うるさ型の師団長 265
玉砕の戒め 268
武藤の俳句 270
慰問団への心づかい 272

インパール作戦を非難 275

第八章

フィリピンの戦い

参謀長として 278
台湾沖航空戦 282
甘い見通し 287
大敗 289
戦略の転換 292
三点防御方式 295
アメリカ軍のルソン進攻 297
敗走のなかのユーモア 299
四面楚歌 301
戦争終結 303
マニラでの戦犯裁判 308
山下奉文の刑死 312

終章

東京裁判、そして死

A級戦犯容疑者 318
田中隆吉の証言 320
つくられた武藤像 323
判決にニヤリ 326
武藤の「罪」とは 330
死を前にして 333
武藤章と昭和史 337

おわりに 341
参考文献 345

注記　引用に際しては、旧字・旧かなづかいを現行に、カタカナはひらがなに直した。適宜、句読点や改行を加除し、ふりがなを加えている。中略、後略は……とし、引用内の（）［］は原文ママ、〔〕は筆者の補完を示している。また、現在では差別的と思われる表現もあるが、時代性および史料性を鑑《かんが》みて、そのままとした。

本文デザイン　盛川和洋
本文DTP　キャップス
図版作成　篠　宏行
写真　指定以外パブリックドメイン

第一章

煩悶

――軍人に向いていない青年

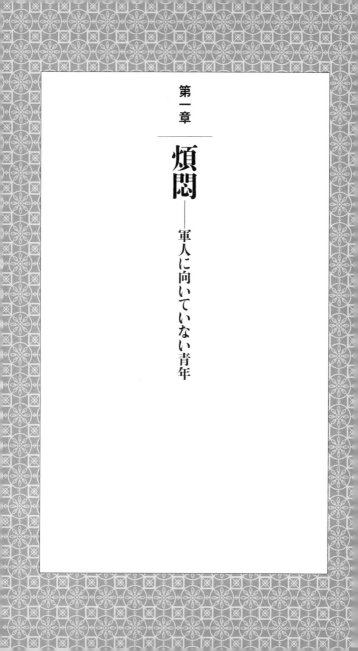

武藤家の人たち

武藤章は明治二十五（一八九二）年十二月十五日、熊本県上益城《かみましき》郡白水《はくすい》村（現・菊池《きくち》郡菊《きく》陽《よう》町）の武藤定治《さだはる》とカノ（武藤は「加野」と記すが、戸籍上では「カノ」）の末子として生《せい》を受けた。長男は直也、その下にエイ、トハの二人の姉がいる。

武藤家は地主であり、また士族の家系であった。兄の直也は眼科医となったが、武藤いわく「私の母は非常な軍人好きで男の子は軍人にならねばならぬ」と主張する「母の強い希望」（武藤『比島から巣鴨へ』）によって、武藤は軍人の道を歩むことになった。

明治三十八（一九〇四）年四月、済々黌《せいせいこう》中学に入った武藤は、翌年九月、熊本陸軍地方幼年学校（熊幼）へと入校する。

母の「軍人にさせたい」との思いは相当なものだったらしい。生まれた時から武藤の子守りは男手に限り、小学校までは専属の下男もつけられていたという。また一時期、母の姉ヒロの嫁ぎ先である井上喜伝大佐の養子になり、少尉任官の翌年までは「井上章」であった。これも、武藤を軍人にしたい母の希望だったという（吉武敏一「ある将軍の手紙」）。

このことを示すように、邦弘氏のもとには、「第十期生　井上章」と記された武藤の熊幼時代のノートが残されている（左の写真）。

生家は今もほとんどそのままの状態で管理されており、農地改革で土地を失ったあとも、一五〇〇坪ほどの広大な敷地を誇っている。

本家を継いだ兄の直也は剛毅《ごうき》な人物だったらしい。医師になってから診察にしつこく注文をつける患者に対し、「左程《さほど》治療に詳しければ専門医も及ばぬので、自分で治療せよ」と言い放って平身低頭させている（武藤・上法『軍務局長 武藤章回想録』）。

直也の長男・法夫も眼科医になったが、運転免許を持たず、自転車で診療に出かけていた。法夫が自宅前で自転車を修理していると、自転車屋と勘違いした子供がパンクの修理を頼んでくることもあったが、快《こころよ》く直したという。「近所の子供たちに人気があり、『武藤先生遊びましょう』などとよく言われていました」（邦弘氏）。

幼年学校時代のノート

武藤直筆のノート（浄書用）。姓は、養家の「井上」になっている

（武藤家所蔵）

法夫は学生時代（武藤と同じ済々黌中学）、相撲やラグビーをしており、当時としては体格が良かったらしい。そのためか、他人を圧するような雰囲気があり、また華美を嫌った。そんな法夫について、邦弘氏は「章叔父に通ずるものがあるかもしれません」と述べている。

このように、武藤の個性は、ある程度武藤家の男たちに共通する「家風」のようなものだったのかもしれない。

平凡な成績と耽読癖

熊本陸軍地方幼年学校に一〇期生として入校した武藤だが、校史に、この期の「活躍ぶりは一段と目を引く」とあるように、九人の中将と八人の少将を輩出している（深瀬和巳編『熊本陸軍幼年学校』）。武藤は九人の中将のなかの一人で、軍務局長就任時には同期の富永恭次《とみながきょうじ》（のち中将）も中央の要職、参謀本部作戦部長に就《つ》いている。

幼少期の武藤は「末子の腕白」で両親を手こずらせたが、幼年学校から士官学校という規制の多い学生生活に入るとそうもいかなくなり、同時に幅広く読書をするようになった。

教官が教えることばかりでは満足が出来ず、他の本を読みたくなり、ひそかに文学書を耽読《たんどく》するようになって、一種の文学青年となった。……私の少年青年時代の文学、思想、哲学等の耽読癖は、今では読書の内容は違って来たが尚《なお》持ちこされている。

（武藤『比島から巣鴨へ』）

「耽読癖」については、確かに後年まで武藤の趣味だったようだ。戦時中、武藤は軍務局長から転出する前、職務上つきあいのあった内務官僚の萱場《かやば》軍蔵《ぐんぞう》を訪ね、二つの風呂敷包みを渡した。

「おれは君に片身《かたみ》を贈りたい、この本を置いてゆく」と言って本を置いて行きました。長い間のいろいろなことで、議論したことがあるんですよ。持って来たのは、ドイツ語の軍事と政治の関係で、殊《こと》に第一次戦争前後のことを書いた本でした。これを読んだあとがあるのですわ。やはり勉強をしておりましたね。

（内政史研究会編『萱場軍蔵氏談話速記録』）

「耽読癖」と同時に、武藤の興味がどこにあったのかを示すエピソードと言えるだろう。同時に、「片身を贈りたい」と述べたのは、戦地に出る以上は生きて戻ることはないだろう、との覚悟を読み取ることができる。

武藤の同期生である柳勇《やなぎいさむ》によれば、熊幼時代の武藤は「左程《さほど》目立った存在ではなかった」が、「唯《ただ》帽子が大きかった（五号）」のと「時々寸鉄《すんてつ》肝を剔《えぐ》るが如《ごと》き警句をはいて、英才としての片鱗《へんりん》を示して居《い》た」という（筑紫二郎編『大いなる熊本陸軍幼年学校』）。故人の思い出を語るのに「唯帽子が大きかった」というぐらいだから、この頃は格別目立った存在ではなかったのだろう。武藤自身、熊本幼年学校時代は「取立てて云《い》う程のことはない」と述べている（武藤『比島から巣鴨へ』）。

しかし武藤は、中央幼年学校から士官学校と進むにつれ、「漸時嚢中《のうちゆう》の錐《きり》」（筑紫『大いなる熊本陸軍幼年学校』）となっていく。あえて想像すれば、母の希望で幼年学校に入った武藤は、当初それほど「軍人の道」に熱心ではなかったが、次第に軍人としての自覚を持ち、個性を発揮するようになっていったのかもしれない。

実際、熊幼の一年生時の考課序列表（成績表）では、五一人のなかで一番は富永恭次、武藤は一四番（入校時二一番）にすぎない（笠松弘「太平洋戦争期・陸軍の対外観」）。士官学校の卒業成績も歩兵科四七三人中四一番であり、悪くはないが飛び抜けて良いわけでもない。「それほど成績にこだわってはいない」（同右）と指摘されるのもうなずける。

のちに難関の陸軍大学校（陸大）を一発で合格し、卒業時には成績優秀者として「恩賜《おんし》の軍刀」を手にした頭脳の持ち主であれば、もっと良い成績でもおかしくはない。おそらく、自分の興味の赴くところ、読書に耽溺《たんでき》していたのだろう。それが、のちに雄飛する素地を作り上げていったようだ。

同期の〝親友〟田中新一

武藤は、熊本陸軍幼年学校から東京の中央幼年学校を経て、明治四十四（一九一一）年一二月、第二五期生として陸軍士官学校へと進んだ。

陸軍の将校について「第○○期」などと書かれる場合、士官学校の期で表すことが多い。士官学校には、幼年学校から入る者たちだけではなく、一般の中学校から入ってくる者もいた。南方戦線で交わることとなる今村均《いまむらひとし》は、武藤と期は違うものの、この一般中学から入ったグループである。

士官学校同期生では、熊幼の同期生である富永の他に、田中新一（仙台《せんだい》陸軍地方幼年学校一〇期生）の名前を欠かすことはできない。盧溝橋事件発生後は同志的存在として、日米交渉の際は強敵として、武藤と共に陸軍を牽引《けんいん》した田中は、仙幼時代から「豪傑型の自然児であって、多分の野性をもち、その頑健な体軀《たいく》に物をいわせて、大いに食い、大いに飲んだ」（松下芳男編『山紫に水清き　仙台陸軍幼年学校史』）。のちに陸軍の主戦派となる推進力の片鱗を見せていたと言えるだろう。

武藤と田中は単に同期生というだけでなく、「親友」と呼べるような間柄でもあった。一つのエピソードを紹介しよう。

昭和三（一九二八）年、田中が駐在武官としてラトビアのリガに派遣されることになった。ラトビアは当時、ソビエト連邦の隣国の一つであり、田中はここでソ連の情報収集にあたることになったのである。

武藤と柳勇が中心となって、田中の送別会を渋谷《しぶや》の道玄坂《どうげんざか》で開いた時のこと。送別会は大いに賑わい、やがて散会した。残ったのが武藤、田中、柳の三人で、幹事の柳が宴会の支払いをしていた時、玄関で大騒ぎが起こった。見ると、田中が大学生と喧嘩をしている。武藤は制止しようとしたが、病後（後述）であり、体力が戻っていなかった。そこで柳に助けを求め、あわてた柳が大学生に謝り、何とか収めた。柳によれば田中は酒癖が悪く、酔うと人を「獣」と罵倒《ばとう》する癖があったという。

これがバレれば、田中の欧州差遣は中止となるかもしれない。三人は当時、教育総監部に所属しており、上司は西尾寿造《にしおとしぞう》大佐であった。柳は事件が無事解決されたことを西尾に報告し、事《こと》なきを得る。そして日曜日、武藤が田中を伴って柳の家を訪れた。そこで武藤は、改めて田中に反省を促《うなが》した。

「先日の事を覚えているか。柳がおらなかったら貴公の欧州行は、あるいは御破算《ごはさん》になったであろう。今度リガに行ったら酒と喧嘩とは絶対に慎《つつ》しめ。そうせんと今度は白骨になって帰る事になるぞ」

（武藤・上法『軍務局長 武藤章回想録』）

「刎頸《ふんけい》の交わり」とまでは言えずとも、おたがいのために苦労することも厭《いと》わなかった仲であったことがわかる。

世間の冷たい眼

武藤は大正二（一九一三）年六月に見習士官、同年十二月に正式に陸軍少尉となった。そして、連隊や俘虜収容所勤務などを経たのち、大正六（一九一七）年十二月には陸軍大学校に入校する。順調に軍人としてキャリアを重ねていくかに見えた武藤であったが、彼にとって陸大生としての期間は「全《まつた》く煩悶懊悩《はんもんおうのう》時代」だったという。

第一次世界戦争の中頃から世界をあげて軍国主義打破、平和主義の横行、デモクラシー謳歌の最も華やかな時代であって、日本国民は英米が軍国独逸《ドイツ》の撃滅に提唱した標語を、直《ただ》ちに我々日本軍人に指向した。我々軍人の軍服姿にさえ嫌悪の眼をむけ、甚《はなはだ》しきは露骨に電車や道路上で罵倒した。

（武藤『比島から巣鴨へ』）

大分俘虜収容所附将校として

前列左から3人目が武藤。大正3(1914)年頃、陸軍少尉時

（宮田家所蔵）

軍人が世間から嫌悪されている、という思いは武藤だけのものではなかった。たとえば、のちに武藤らと敵対する、皇道派《こうどうは》（後述）青年将校の中心人物の一人である末松太平《すえまつたへい》も、そうした風潮を身に染みて感じていた。末松は「いまの自衛隊そっくりに無用の長物視されていた」「税金泥棒扱いされていた」と当時＝大正十四（一九二五）年を回想している（末松太平『私の昭和史』）。

大正十四年、という年次が示すように、末松が感じた世間の「視線」は、武藤より数年のちのことである。しかも武藤の陸大在学中（大正六〜九年）とは違い、大正十二（一九二三）年九月に関東大震災が起き、その際の活躍で「いくらか評判はよくなったものの」（同右）、それでも感じていた世間の視線がこのようなものだったのである。

「軍の外」から見ても、軍人に対する社会の視線は冷たかったようだ。末松の時代からさらに下って昭和初期、評論家の山本七平《やまもとしちへい》の幼少期の回想に次のエピソードがある。

ある時、山本少年は活動写真（映画）の料金が「軍人・子供半額」であるのを不思議に思い、父親に理由を聞いてみたことがあった。その際に父親が述べたのが「軍人か。ありゃ半人前だからだ」という言葉だった（山本七平『昭和東京ものがたり1』）。

これはもちろん、軍人を下に見てのセリフである。昭和初期にもまだ、軍人蔑視《べっし》の風潮は残っていたのである。ちなみに、山本は戦時中、陸軍少尉として従軍し、武藤が参謀長を務めた第一四方面軍の隷下《れいか》師団の一人として終戦を迎えている。

軍人を辞めよう……

武藤が煩悶した時期について、もうすこし触れたい。武藤は次のように述べている。

書店の新刊書や新聞雑誌は、デモクラシー、平和主義、マルクス主義の横溢《おういつ》であった。鋭敏な神経をもつ青年将校で、煩悶せぬのはどうかしている。多くの青年将校が軍職をやめて労働中尉や何々中尉となった。私もその例に洩《も》れず、盛んに思想、経済、文化等の書を読み耽《ふ》けった。所謂《いわゆる》何々中尉の一歩手前まで進んだ。

（武藤『比島から巣鴨へ』）

のちに軍中央の王道を歩み、典型的な「昭和期の軍人」のように見られる武藤が、一度は軍職を退《しりぞ》くことまで考えたのが、この時期だったのである。しかし、母親の希望で軍人になった武藤は「私は母の悲しみを思って立ち止《どま》った」（同右）という。軍人の道を歩み出すきっかけも母親であれば、その道に踏みとどまる決心もまた母親を思ってのことだった。

さらに、武藤の決意を固めさせた出来事がある。大正九（一九二〇）年、陸大を卒業した武藤は、五カ月ほど経った翌年四月に士官学校の戦術学部附《づき》を命じられる。武藤はここで戦術学教程の編纂や欧州戦争（第一次世界大戦）から見た戦術の変化の研究をしていたが、これを「快適に思われた」(同右)と振り返っている。
この時、士官学校教官として職場を同じくした尾崎義春《おざきよしはる》(のち中将)は、当時の武藤が述べた、次の話を覚えている。

『「ビスマーク」伝を読んで見ると、「ビスマーク」は自己の栄達と、国家の隆昌と一致することに安心立命を求めた。此《こ》の考え方は自分の考え方と一致する。これでやっと自分の将来の方針も決《きま》ったし安心立命を求める事が出来た』と。

(尾崎義春『陸軍を動かした人々』)

尾崎はこれを「珍しいことではない」としつつ、武藤が「当時より非常に現実的な考えを持っていた」(同右)としているが、武藤自身の回想と併《あわ》せて考えると、別の見方ができる。
武藤自身は、母親のことを思って「何々中尉」になる一歩手前で立ち止まったとしているが、それでもやはり心に迷いがあったのではないだろうか。それが、「ビスマーク」(ビスマルク)という、自らの栄達と国家の発展を一致させた英雄の伝記を読んだことで、軍人としてやっていくことに「安心立命」を求めることができた。つまり、その道を歩んでゆく決意が固まったのではないだろうか。

武藤と同じ熊幼出身で大本営陸軍報道部長などを務めた松村秀逸《まつむらしゆういつ》（のち少将）によれば、武藤は「政治に趣味を持って」おり、「モルトケよりもビスマルクが好きだった」らしい（松村秀逸『大本営発表』）。ビスマルクは宰相でモルトケは参謀総長、共にプロイセンによるドイツ統一に貢献をした人物である。日本陸軍はそのモルトケが作り上げたドイツ陸軍に範を取っているので、武藤もまた間接的にモルトケの影響を受けている。にもかかわらず、ビスマルクに興味が惹《ひ》かれたということは、武藤の「政治趣味」を表していると言える。

また、尾崎はこれを「珍しいことではない」と述べているが、武藤の人生とビスマルクの「栄達＝国家の隆昌」という考え方を重ねる時、「武藤ならば」と妙なリアル感を伴ってくる。武藤に似た例を求めれば、初代総理大臣の伊藤博文《いとうひろぶみ》だろうか。

伊藤は自負心が強く、「国家の運命は正に自分の双肩にかかっているというような、『乃《だい》公出《こうい》でずんば此《こ》の蒼生《そうせい》を如何《いかん》せん』というごとき考えをもっていた」（岡義武『近代日本の政治家』）人物だった。「乃公出でずんば……」とは「自分がやらねばこの国はどうなってしまうのか」という、自負心と悲憤慷慨《ひふんこうがい》の入り混じった言葉である。のちの武藤の行動を見れば、こうした自負心を持っていたことがうかがえる。

しかし、伊藤博文と武藤章では、置かれた時代に決定的な差があった。「初代総理大臣」という経歴が示すように、伊藤の活躍時期は幕藩体制から近代国家へと移り変わる大変動期であり、伊藤本人が「元勲《げんくん》」と呼ばれる明治草創の功臣の一人であった。つまり、実際に国家の発展と本人の栄達が一致していた時代であり、何の矛盾《むじゅん》もなく栄達を求めることができた。

ところが、武藤が「煩悶懊悩」を経験した大正期は国家の形は固まっており、むしろ明治以降の矛盾が噴出している時期だった。日露戦争で辛《から》くも勝利し、第一次世界大戦では戦勝国側に名を連《つら》ねた日本は、伊藤らが苦心惨憺《くしんさんたん》した時期とはあらゆる面で比べものにならないほど、「国家」そのものが強固になっていたと言えるだろう。

そして、「隆昌」が極まったということは、同時に停滞の始まりでもあり、成長に伴って発生したさまざまな社会的問題に目が向くことを表している。これまで国家の発展を支えてきた軍人が、「無用の長物」視される世相は、まさしく国家が「隆昌」することで出てきた問題点である。

今まで単純に見えた発展の道を見失った大日本帝国は、繁栄と引き換えに停滞を迎えた。武藤はそのなかで煩悶しながらも、「安心立命」の目標を得た。しかしそれは、国家の発展を別の方面へ指向せざるを得なかった日本の運命のなかで、武藤の軍人としての人生に大きな影を投じることになる。

若きエリート

大正11(1922)年頃、陸軍中尉時。参謀飾緒の下に、陸軍大学校卒業徽章が見える　（武藤家所蔵）

ドイツ視察

陸大を優等（五九人中五番目）で卒業して恩賜の軍刀を拝受し、軍官僚としての道を歩み始めた武藤は、大正十一（一九二二）年、尾野実信の娘・

初子と結婚する。武藤によれば、心臓病で床に臥《ふ》せっていた母の「嫁を見て死にたい」（武藤『比島から巣鴨へ』）という願いを叶《かな》えるためだったという。

　初子と結婚した同年の七月、武藤は士官学校から教育総監部附へと異動する。その後、海外留学を経て大正十五（一九二六）年五月、再び教育総監部に勤務する。武藤の上司は、第一課長の西尾寿造大佐である。

　西尾は、「頭脳頗《すこぶ》る鋭敏緻密《えいびんちみつ》で、然《しか》も恪勤精励《かつきんせいれい》」（筑紫『大いなる熊本陸軍幼年学校』）だった。武藤の熊幼の同期である柳勇によれば、従来の第一課長時代はせいぜい一年に一度の典範令《てんぱんれい》の改正がある程度だったが、西尾の時代は二年間で歩兵及び砲兵、工兵、輜重兵《しちょうへい》の各操典、戦闘綱要、軍隊教育令、射撃教範の改正が行われ、しかも一字一句のまちがいもなかったという（同右）。さすがの武藤も閉口し、西尾が進級して旅団長となる際、苦言を呈している。

　武藤は頃合《ころあい》を見計らって、西尾課長に向《むか》い『課長は今度目出度《めでた》く進級し、田舎の旅団に行かれるが、部下の頭と鋭敏極まる御自分の頭とを同等と考えられ、あまりやかま

義父らと

前列左から妻・初子、娘・千代子、義弟の妻・雪子、義父・尾野実信陸軍大将。武藤は後列右から1人目 （武藤家所蔵）

しく云《い》われると、皆逃げ廻《ま》わって、なつきませんよ‼』と柔《やわ》らかに忠言を呈して居《い》た。（筑紫『大いなる熊本陸軍幼年学校』）

大正十二（一九二三）年十月、武藤は第一次世界大戦でのドイツの敗因を研究するため、日本を旅立つ。当初の予定では、武藤はイギリスに留学する小畑英良《おばたひでよし》（のちサイパン島の戦いで自決、大将）らと共に、九月十三日横《よこ》浜《はま》を出て、期間は「往復を除き二年六箇月」となっていた（「将校海外差遣の件」）。しかし、関東大震災の影響によって出発が延期されたのである（武藤『比島から巣鴨へ』）。

フランスのマルセイユ、パリを経た武藤が

ベルリンに入ったのは、同年十二月のことだった。当時のベルリンは「人心《じんしん》は不安動揺し、市街は雪溶けの汚水にまみれ、夜の街灯は暗く陰惨」（同右）という有様《ありさま》で、戦争終結から五年ほど経っていても、未《いま》だ敗戦国の悲惨な状況を呈していた。ベルリンには日本人が多く、ドイツ語の練習にならないと考えた武藤は、ドレスデンに移った。ここではドイツ語の教師を雇い、戦史の書物を購《あがな》い、実際に戦場を踏査して調査を行った。

こうして調査を続けた結果、武藤は「独国ノ惨敗ニ鑑《かんが》ミ我将来戦ノ指導ヲ論ズ」という調査報告書を陸軍省に送っている（「海外差遣者報告目録（追録第4号）(1)」）。報告書に「惨敗」という主観的な言葉を使っていることからしても（惨敗には違いないが）、当時のドイツが武藤の目にどう映ったのかがうかがえるだろう。

ある出会い

ベルリン滞在中、武藤に一つの出会いがあった。武藤の回想録には特に記述はないが、後年の歴史を考えると運命的とも言える。武藤がベルリンの地で出会ったのは、後年満洲事変の首謀者として、そして盧溝橋事件への対応をめぐって激しく対立することになる人物、石原莞爾である。

石原は武藤の三歳上で、仙台陸軍地方幼年学校を経て二一期生として士官学校を卒業、部隊勤務を経て、陸大に進んだ。卒業時の成績は優等（六〇人中次席）である。石原は武藤と同じ大正十二（一九二三）年の三月十七日にベルリンに到着しており、やはり第一次世界大戦や戦史の研究を行っていた。

しかし、石原が軍事の研究と同等か、それ以上に熱心に打ち込んだのは、法華経《ほけきょう》（日蓮《にちれん》宗《しゅう》）であった。彼は日蓮宗系の国柱会《こくちゅうかい》とその創始者である田中智学《たなかちがく》に深く傾倒しており、それは妻へ送った大量の書簡からもうかがえる。そこにはほぼ毎回「合掌」と書かれ、頻繁に「南無妙法蓮華経《なむみょうほうれんげきょう》」と記されている。内容にもそれは明らかで、次のように、祖国の妻を労《いた》わる言葉にも宗教色が強く表れてい

駐在先にて

駐在先のドイツから、武藤が送ったもの。写真裏に「御父上様 大正十四年三月十八日 於ドレスデン 章」と自書あり　（武藤家所蔵）

る（大正十二年六月七日付書簡）。

多忙なる生活、炊事、接客、凡《すべ》てこれ法華経の色読《しきどく》として御精励のことと思い愉快極《きわま》りなし。老いたる両親、殊《こと》に理論等には中々《なかなか》縁遠き母上を教化《きょうけ》するが如きは単なる法理論にて行かざるは極めて明瞭なり。法華経の信仰より自然に発し来《きた》る開顕《かいけん》せられたる銻子《ていこ》君の孝養は、遂《つい》に両親を救い申す機会あるべきを嘗《かつ》てより信じて居る小生は、此度《こたび》の御手紙を殊に嬉しく拝見せり。

（石原莞爾著、玉井禮一郎編『石原莞爾選集2　ベルリンから妻へ』）

石原は妻に対し、自分の母親の「教化」の方法まで提案しているのである。こうした「布教」活動は当然ながら石原本人も行っており、武藤もその対象となっていた（大正十三年一月八日付書簡）。

此度来《きた》りし一《いち》大尉は、大《おおい》に研究に志《こころざし》あり。誠に心強し。武藤と申す教育総監部に居りし大尉也《なり》。日本国体《こくたい》に対する疑問より、少々《しょうしょう》心に煩悶ある模様。此男吾徒《わがと》に来るは確実と信ず。……必ず捕虜とすべき決心也。

（同右）

石原が武藤を大変気に入り、この時から目をつけていたことがわかる。結局、石原は武藤を「捕虜」にはできなかったものの、彼に対する高評価は後年になっても変わらなかった。少なくとも、昭和十二（一九三七）年のある段階までは。

武藤は大正十五（一九二六）年一月にドイツをあとにするが、本人の希望によって途中アメリカを視察することになった。

欧洲文化を見た眼で米大陸に渡ると、一見その差異に驚く。米国には何《な》にも古いものはない。すべて新しい。大袈裟《おおげさ》である。すべてが動いている。近代文明の具体化である。

（武藤『比島から巣鴨へ』）

こうして、武藤は祖国の地へ帰り着き、再び中央官衙《かんが》である教育総監部へと戻ってくる。

まもなく大正天皇は崩御《ほうぎょ》、新しい天皇と共に「昭和」という元号が始まるのであった。

クラウゼヴィッツ、孫子の比較研究

日本に戻った武藤は、第一次世界大戦の教訓にもとづく典範類の改正に従事した。昭和三（一九二八）年一月、「歩兵操典」は完成し、主務者であった武藤は全国の連隊長にこれを普及させるために千葉の演習場へ赴いたが、ここで悪性の赤痢《せきり》に罹《かか》ってしまう。そのうえ、糖尿病まで併発する有様だった（武藤『比島から巣鴨へ』）。

武藤は入院を余儀なくされ、三月には退院したものの、万全ではなかった。翌年には体調はだいぶ回復したものの、糖尿病のほうがはかばかしくなく、望んでいた大隊長の立場はあきらめざるを得なかった（同右）。

ドイツ留学を終え、昭和三年八月に少佐となった武藤は三五歳で、気力・体力共に充実していた。そんな働き盛りの時期に大病を患《わずら》って無為に過ごさざるを得なかった武藤の無念は、どれほどのものがあっただろうか。武藤はその後も、時に病気によって望まぬ休養を余儀なくされることがしばしばあった。

昭和四（一九二九）年十二月、武藤は陸大専攻学生として、戦略戦術などの研究に従事する。

この制度は大正十三（一九二四）年に創設されたもので、中・少佐クラスの優秀な人物を選抜し、特別な授業以外は各自自由にテーマを選んで研究させる、というものだった（稲葉正夫監修、上法快男編『陸軍大学校』）。専攻学生は陸大を卒業していない者も選ばれ、広く人材を求めた。武藤のテーマは「クラウゼウイッツ〔クラウゼヴィッツ〕及孫子《そんし》を比較研究」だった（同右）。

この研究成果は『偕行社記事』昭和八（一九三三）年六月号に、「クラウゼウィッツ、孫子の比較研究」として発表された。武藤は、クラウゼヴィッツの著書『大戦学理』（現在は『戦争論』の名称が一般的）を「読まるること少《すくな》く理解さるること更《さら》に少き神話化せる書」として、次のように述べている。

> 大戦学理の原書は独逸人《ドイツじん》既に難解とす。況《いわん》や日本人に於《おい》ておや。故《ゆえ》に本書の購読は一般軍人の能《よ》くするところにあらず。為《ため》に故陸軍々医総監森林太郎《もりりんたろう》が少壮伯林《ベルリン》に駐在中、

故陸軍中将田村恰与造《たむらいよぞう》等の有志《ゆうし》相寄り森林太郎をして原本を講《こう》ぜしめ漸《ようや》く其《その》意を解《かい》せりと云《い》う。

(武藤章「クラウゼウィッツ、孫子の比較研究」)

『大戦学理』はそもそもドイツ人ですら難解であり、日本人にはより難解なものだった。それゆえ、軍医総監の森林太郎(鷗外《おうがい》)がベルリン留学中、中将田村恰与造らの同志が集まって森にその講義を頼み、ようやく理解できたというのである。

その後(明治三十四〜三十六年)、『大戦学理』のフランス語版からの重訳が出たものの、その部数はわずかなものであり、「字句難解且《かつ》原書の本意を誤《あやま》り伝うるものなしとせず」、これらの事情を考えると、『大戦学理』が「我が兵学界に及《およぼ》せる直接影響」は「極めて尠《すくな》しと断ぜざるべからず」と、武藤は述べている(同右)。

武藤のこの評言は「端的であり、また当時の将校の認識をよく表現している」と指摘されている(前原透「日本陸軍へのクラウゼウィッツの影響(上)」)。

しかし武藤は、『大戦学理』の直接的影響は少なくとも、帝国陸軍がごく初期にフランス軍、その後はドイツ軍の強い影響を受けたことから、それらの「兵学」の基本にあるクラウゼヴィッツの「甚大なる影響の下」にあることは否定できないとしている（武藤「クラウゼヴィッツ、孫子の比較研究」）。
いっぽう、中国の春秋戦国時代の武将・兵法家である孫武《そんぶ》の作とされる『孫子』の日本への輸入は遥《はる》かに古く、その影響力は計《はか》り知れない。

之《これ》を要するに我が兵学界に於《お》けるクラウゼウィッツ及《および》孫子の影響は直接乃至《ないし》間接に甚大なるものあり。極言すれば両者を控除するとき我に兵学なしと云《い》うも可なり。吾人《ごじん》は之を以《もっ》て決して恥辱とせず、吾人は東西両洋の兵学の精随を採り計数詭道《きどう》融合せる完全なる兵学を樹立するの使命を有するものと信じ、之を誇りとするものなり。
（同右）

日本に独自の「兵学」がないことを認め、それを恥じることなく、クラウゼヴィッツと孫子という二大巨頭の思想を融合させて「完全なる兵学」を求めようとする武藤の態度は、学究的であると同時に、自信に溢れた青年将校の意気を感じさせる。

しかし、時代は武藤に学究として留《とど》まることを許さなかった。日本社会のなかで存在感を増す陸軍にあって、武藤の存在感もまた大きくなっていくのである。

第二章

派閥抗争

満洲事変

昭和五（一九三〇）年十一月、武藤は参謀本部第二部（情報）の欧米課附を命じられる。その後、一時は第一部（作戦）兵站《へいたん》班に移り、再び第二部の、今度は総合班に移るという、なかなかあわただしい異動を経験する。

この最中、昭和六（一九三一）年九月には、関東軍の石原莞爾作戦主任参謀らの謀略によって柳条湖《りゅうじょうこ》事件（満洲事変）が引き起こされている。これは、南満洲鉄道（満鉄）の線路の一部が奉天《ほうてん》付近で爆破され、これを中華民国東北辺防軍《とうほくへんぼうぐん》司令・張学良《ちょうがくりょう》の部隊による仕業《しわざ》として関東軍が出動した事件である。事件は最終的に清朝《しんちょう》最後の皇帝・溥儀《ふぎ》を担ぎ出し、満洲地域を国として「独立」させるに至る。

よく知られているように、満鉄を爆破したのは関東軍であり、これをきっかけに満蒙《まんもう》（満洲と蒙古）の権益の強化を実現しようとする謀略であった。この謀略は少なくとも同年五月末にはほぼ構想が固まっていたようで、石原莞爾の日記（昭和六年五月三十一日）には、次のような記述がある。

朝、花谷《はなや》〔正《ただし》〕、今田《いまだ》〔新太郎《しんたろう》〕両氏来《きた》り。板垣〔征四郎〕大佐宅にて謀略に関する打合せ。……「軍司令官は満鉄の保護の為《ため》には兵力を使用することを得」「軍主動の解決の為には満鉄攻撃の謀略は軍部以外の者にて行うべきもの也《なり》」

（角田順編『石原莞爾資料［増補版］国防論策篇』）

実際に行われた謀略の内容とは多少違うものの、大枠の形はすでに、この時に決まっていたことがわかる。関東軍高級参謀の板垣らの名前が見られるが、武藤は現地（関東軍）にいたのならともかく、中央部で一少佐にすぎず、これらの動きには直接、関係ない。

満洲が緊迫した空気を醸《かも》している事は知ってはいたが、事変そのものは全く寝耳に水であった。

（武藤『比島から巣鴨へ』）

直接関係のない武藤であったが、いざ事《こと》が起こると、これを支持した。武藤が石原らの行動を支持した理由の一つとして、川田《かわだ》稔《みのる》名古屋大学名誉教授は、柳条湖事件直前に起きた中村《なかむら》大尉事件との関連を指摘している（川田稔『武藤章』）。これは、満洲で地誌調査中だった参謀本部の中村震太郎《しんたろう》大尉らが張学良の配下に殺害された事件だ。

中村は当時、参謀本部作戦課兵站班長を務めていた武藤の部下だった。中村大尉が満洲赴任の命《めい》を受けるのは武藤の赴任直前であり、直接関係はないが、形としては「直属の部下」が殺害されたことになる。川田は、中村大尉事件は武藤にとって「部下を失うという重大な出来事であったにちがいない」と述べている（同右）。

ただし武藤は、満洲事変の結果として日本が国際連盟を脱退することには慎重だった。元老西園寺公望《さいおんじきんもち》の秘書である原田熊雄《はらだくまお》は、「佐官級の多少とも事理《じり》の判《わか》った連中」までもが連盟脱退に強く賛同するなか、「参謀本部の武藤中佐、軍事課の原《はら》中佐あたりは、多少判った点もあったけれども」と記している（原田熊雄『西園寺公と政局　第三巻』）。

さて、事件には直接関係はなくとも、武藤が歴史のなかで、その存在感を増していくきっかけは、事変前後の昭和陸軍の動きにあった。永田鉄山と彼の同志たち、すなわち一夕《いっせき》会《かい》への参加がそれである。

一夕会

一夕会の淵源《えんげん》は、大正十（一九二一）年十月二十七日のとある会合に遡《さかのぼ》る。この日、ドイツの保養地バーデンバーデンのホテルに、陸士第一六期の俊秀である永田鉄山、小畑敏《おばたと》四郎《しろう》、岡村寧次《おかむらやすじ》の三人が集まった。

岡村の日記には、「快談一時に及び隣客より小言《こごと》を言われて就寝す」とあるのみだが（舩木繁『支那派遣軍総司令官 岡村寧次大将』）、戦後のあるインタビューでは「陸軍の革新ということを三人で考えたんです」として、次のように述べている。

その革新という意味は、正言にいって、第一は人事がそのころは閥なんですね。一種の長州《ちょうしゅう》閥で専断の人事をやってるのと、もう一つは軍が統帥権《とうすいけん》によって、国民と離れておった。これを国民とともにという方向に変えなければいかん、三人で決心してやろうといったことは事実です。

（中村菊男編『昭和陸軍秘史』）

もっとも、当時すでに長州閥の「専断」は崩れかけており、特に永田は長州閥系統の大物軍人にも目をかけられていたことから、こうした見解を疑問視する研究者もいる（森靖夫『永田鉄山』）。永田が小畑や岡村に同意した理由は、第一次世界大戦で現出した総力戦に耐えることのできる陸軍改革が目的だったという（同右）。

ともかく、ここに集《つど》った三人はそれから「同志」を集めることになった。士官学校一七期の東條英機、一八期の山下奉文《やましたともゆき》などがメンバーに加わり、やがて二葉会《ふたばかい》（双葉会）というグループになる。なお、二葉会発会の日付は大正十二（一九二三）～昭和二（一九二七）年秋までのどこかの日時という以外、はっきりしていない（筒井清忠『昭和期日本の構造』）。

この会合はさらにメンバーを増やし、昭和四（一九二九）年五月には一夕会へと発展する。武藤も、これらのグループに参加することになる。

会合では、「陸軍の人事を刷新して、諸政策を強く進めること」「満州問題の解決に重点を置き」「荒木《あらき》〔貞夫《さだお》〕、真崎《まさき》〔甚三郎《じんざぶろう》〕、林《はやし》〔銑十郎《せんじゆうろう》〕の三人を護《も》り立てながら、正しい陸軍に建て直す」ことなどが話し合われたという（永田鉄山刊行会編『秘録 永田鉄山』）。「満州問題の解決」とあるように、一夕会でも満洲での日本の権益を守ることが議題の一つとなっていた。なお、石原莞爾も一夕会のメンバーだった。

しかし、このグループの結束は次第に崩れてゆく。原因は、バーデンバーデンに当初集った永田、小畑、岡村の三人のうち、永田と小畑が鋭《するど》く対立したことだった。

一夕会で盛り立てると決めた三人のうち荒木、真崎は小畑を重用し、また彼らに連なる人脈は今日一般的に「皇道派」と呼ばれている。いっぽうで、永田は一期下の東條英機をはじめ、池田純久《いけだすみひさ》（二八期）や片倉衷《かたくらただし》（三一期）などと共に「統制派《とうせいは》」（この区分けは種々議論があるが、便宜的に以後、使用する）とされているが、武藤もまた永田に近い一人だった。

永田と小畑は特に対ソ戦略をめぐって対立した。簡単に言ってしまえば、小畑はソ連の国力が未完成のうちに攻撃して満洲に対する脅威を事前に取り除こうとしたのに対し、永田は時期尚早論を唱えていたのである。

永田、小畑の対立は次第に激しくなっていく。荒木が斎藤実《さいとうまこと》内閣（昭和七年五月二十六日〜昭和九年七月八日）で陸軍大臣だった当時、参謀本部第三（運輸・通信）部長の小畑も加わって作成された「昭和八年解氷期対ソ開戦論」が、第二（情報）部長の永田以下、小畑以外の省部（陸軍省と参謀本部）部局長らに反対されたことがあった（高橋正衛『昭和の軍閥』）。当人たち以外にも、目に見える形で対立は先鋭化してきたのである。

第一次世界大戦の分析

昭和七（一九三二）年三月、武藤は参謀本部第二部で部長直属の総合班長に異動する。武藤が総合班に来てまもなく、永田鉄山が第二部長に就任した。翌昭和八（一九三三）年三月、武藤は中国へと視察に赴く。

武藤いわく、「欧米のことは比較的知っていながら、隣国たる支那のことに就《つ》いては何にも知らない」のでは仕事に支障が出るので、永田に中国視察を命じられたのである。武藤は揚子江《ようすこう》沿いを上海《シャンハイ》〜漢口《かんこう》、さらに広東《カントン》や香港《ホンコン》を視察した（武藤『比島から巣鴨へ』）。

視察が終わった直後、武藤は永田の代わりに、信濃教育会の総会で「国際情勢と日本」という講演を行っている。永田の代役ではあるが、武藤自身が、

私がお話致《いた》しますことを最近流行《はや》って居《お》る所の軍部の意見であると云《い》う風にお採りにならぬことを希望するのであります。武藤が斯《こ》う云うことを云ったと左様《さよう》御諒承を願

います。

（武藤章「国際情勢と日本」）

と、個人の見解であることを強調している。そうしたうえで、武藤は「欧州戦争」（第一次世界大戦）の終局から国際情勢の推移を説明することから始めている。「欧州戦争」は一〇〇〇万人近い死者を出し、数千億におよぶ損害を出す「有史以来の大事変」だったとし、次のように述べる。

随《したが》って斯《か》くの如き悲惨事を経験した人類の精神は自然と平和主義に向《むか》ったのであります。

（同右）

こうして、アメリカ大統領ウィルソンの提唱する理念にもとづき、国際連盟が発足する。「世界の政局」は「平和主義・国際協調主義」によって指導されることになるが、国内では武藤自身も直面した「軍人蔑視」の風潮が蔓延《まんえん》する。

又《また》国内的にはどう云《い》う状態であったかと申しますと、所謂《いわゆる》デモクラシイと云うものが、大正五、六年頃から大変流行《はや》り出しまして、日本国内は特にデモクラシイ流行で、軍国主義打破が叫ばれ、吾々《われわれ》軍人は電車にさえ乗れない、街も軍服で歩けないという様《よう》な状態でありました。（同右）

この他にも、ロシアでは共産革命、敗戦したドイツやオーストリアでは社会民主革命が起こり、「社会主義と云うものが各国内に非常に台頭して来」た。しかし、これらの思想潮流は表面に現れたものにすぎず、国際政局を根本的に動かしていたのは「民族主義・国家主義」だったと述べている。

第一次世界大戦の結果、ヨーロッパでは国境が変化し、特に敗戦国のドイツやオーストリアでは国土が一部分割され、バルト三国（エストニア、ラトビア、リトアニア）は新たに独立した。ドイツは「重要産業資源」を奪われ、オーストリアは「工業地」を失った。

さらに、戦後に起こった不況に対応するため、各国は関税障壁を高くした。武藤いわく、「此《こ》の関税政策は即《すなわ》ち国家主義の表現」であるという。「関税」は国境の内と外を隔《へだ》てるものであるから、これは当然であろう。こうして、関税という「国境」によって国家主義が強くなる。

そして、ドイツやオーストリアは自分たちの経済的苦境がベルサイユ条約に起因すると考え、「どうしても欧州の平和を確保する為《ため》には、現在のベルサイユ条約に改訂若《も》しくは修正を加えなければならぬ」との考え方が起こってくる。つまりはヒトラーやムッソリーニの台頭となるのである。武藤の見るところ、これはアメリカやフランス、イギリスも同じであった。

要するに、各国共《とも》対外的に強くする為《ため》に、先《ま》ず国内を強力化する政策に依《よ》って現実の世情は動いて居るのであります。（同右）

このような状況下で、日本ばかりが「対外的に消極・追随・退嬰《たいえい》」で対処してきたため、「支那の侮日政策」を招き、やがて「柳条溝〔湖〕の爆音」以後の「日本精神・国民精神」の目覚めへと繫《つな》がったと述べている。

的中した、第二次世界大戦の予想

武藤は転じて欧州情勢に言及する。

ドイツも日本の態度に倣《なら》って従来の主張である所の軍備平等権を振廻《ふりまわ》して来た、言い換えまするると、ベルサイユ条約の訂正を要求して居《お》ります。……併《しか》し各国共《とも》非常に経済的苦境にあり、ドイツの如きは今戦争をしては、フランスの膨大な軍備に対してどうしても勝目《かちめ》がありませぬから、開戦までは致しますまいが、両国の間の緊張と云《い》うものは、想像以上のものがあります。将来に於《お》いて必ず仏独戦争は起《おこ》るのでありましょう。……尤《もっと》も二、三年の中にあるとは申せませぬが、兎《と》に角《かく》、非常な緊張状態であります。

（武藤「国際情勢と日本」）

この予測は正確なものとなった。ドイツがフランスを蹂躙《じゅうりん》するのはこの七年後、昭和十五（一九四〇）年のことである。

この意見が武藤個人のものと言っても、所属する第二部とまったく相反する見解であるはずがない。永田が代役を任せた以上、第二部としての総意でもあったのだろう。武藤は、その役割を果たしたと見られる。

武藤はロシア（ソ連）にも言及する。ソ連では一般の農民は「実に酷《ひど》い生活」であり、「切符制度」によって衣服や食料は得ることはできるものの、何時間も並んで受け取らなければならない。

いっぽうで重工業は進歩し、それに伴って軍備も大幅に進歩している。日本では戦車一台を作るにも議会の協賛を得て数年かかるのに比べ、独裁国家のロシアではスターリンが「要《い》ると思ったら直《す》ぐ造ることが出来」ると述べている。ただ、国民の不平不満も大きいため「軍備はあるが戦争力即《すなわ》ち国力を挙げての戦争遂行力と云《い》うことになると不十分である」、それで外部に対しては極力事《こと》を起こさないように努めている。

また、ソ連は各国に対して赤化宣伝を盛んに行い、「国境を撤廃し世界の労働者団結せよ」などと言っている。しかしながら、その実《じつ》ロシアは国境観念が特別に強く、自らの国境については特に敏感である。

ロシアと云《い》う国は共産主義者辺《あた》りが盲信して居《い》るような国では決してない。政策と雖《いえども》決して共産主義をやって居ない。若干《じゃっかん》の社会主義を以《もっ》てやって居るにすぎない。ロシアの将来は波を打ちながら右へ行ったり左へ行ったりして現在に至ったのであるが、ロシアが永遠の途を辿《たど》るには結局どうしてももう少し右に帰って来ない限り其《そ》の存立を完《まっと》うし得ないであろうと思います。　（同右）

武藤は、国際情勢一般について「所謂《いわゆる》平和主義・国際協調主義と反動思想たる国家主義とが矛盾し反発しながら動いている」としつつ、「国家主義が実際の指導精神」であると結論する。そして最後に、こうした国際状況下で日本の取るべき道を示すのである。

日本は今までうまくやって来ました。併《しか》し将来日本が発展すればする程《ほど》もっと大きな障碍があることをお互《たがい》に覚悟しなければならぬ。……吾々《われわれ》は此《こ》の後に来るべき災厄に対して十分の準備を致さねばなりませぬ。之《これ》が為《ため》には真の挙国一致を以《もっ》て先《ま》ず満洲を安定せしめ、健全なる経済ブロックを立て、そうして内外諸般の準備を完成し世界の

政局に向《む》かわなければならぬと斯《か》く確信するものであります。（同右）

武藤は、あるいは武藤らは、満洲の安定を重要視し、さらに「健全なる経済ブロック」によって「世界の政局」に立ち向かおうとしていた。つまり、日本一国だけでは「世界の政局」に立ち向かうことは難しく、日本を盟主的存在とする経済圏をつくることによってこれを成し遂げようとしてしていたと言える。

いっぽうで、陸軍内部の永田鉄山と小畑敏四郎の亀裂は修復不可能な段階になっていた（永田と派閥抗争については拙著『永田鉄山と昭和陸軍』参照）。

血まみれの軍服

昭和十（一九三五）年八月十二日、東京・三宅坂《みやけざか》（千代田区）の陸軍省で大事件が起きた。軍務局長室で執務中の陸軍少将永田鉄山が、歩兵中佐の相沢三郎《あいざわさぶろう》によって殺害されたのである。いわゆる相沢事件だ。相沢は、皇道派に近い人物である。

前年十一月、相沢の同志であった磯部《いそべ》浅一《あさいち》（一等主計＝大尉相当）と村中孝次《むらなかたかじ》（歩兵大尉）

が、クーデターを画策しているとして逮捕される事件が起こった（士官学校事件）。このクーデター計画は存在の怪しいもので両者は不起訴になったが、停職処分となっている。

永田が小畑敏四郎やそれを庇護する荒木貞夫、真崎甚三郎らと対立していたのは前述の通りだが、相沢事件が起こる一カ月前、真崎は教育総監を更迭され、皇道派の勢力は衰《おとろ》えを見せていた。相沢は、こうした事件の「黒幕」として裏で糸を引いているのが永田だと考えたのである（拙著『永田鉄山と昭和陸軍』）。

武藤はこの時、軍務局軍事課の高級課員として池田純久や影佐禎昭《かげさささだあき》らと同じ部屋で仕事をしていた。池田の回想によれば、午前十時頃、突如抜き身の指揮刀を提《さ》げた軍人が駆け込んできて、「軍務局長室が火事だ、火事だ」と怒鳴ったという。

よく見ると、その将校の左腕の軍服が裂《さ》けて、腕がむきだしになり、白いワイシャツは真っ赤な血に染まっている。われわれは期せずして棒立ちになった。なんのことかてんでわからない。真夏の火事とは変だなと思いながら、われわれは局長室に一目散《いちもくさん》に駆け込んで行った。あとでわかったのだが、「局長室が大事だ」と叫んだのが、「火事」と聞こえたのであった。

（池田純久『日本の曲り角』）


会話中に相沢の侵入を受け、永田に斬りつけた相沢を止めようとして自らも負傷している。

駆け込んできたのは、東京憲兵隊長の新見英夫《にいみひでお》大佐である。新見は、永田と机を挟んで

武藤中佐が先頭で、私がそれに続いて局長室に駆け込んだ。なんたる凄惨《せいさん》なことであろうか！　局長は、鮮血に染まって、片ひじをついて絨毯《じゅうたん》の上に倒れているではないか。まだ息はあるようだ。だが頭はざくろのように裂けて、そこからドクドクと血がほとばしり出ている。武藤中佐がうしろから、私が前から、抱きかかえるようにして、「局長、局長！」と数回叫んでみた。しかしなんの反応もない。かすかな呼吸の音が聞こえるばかりで、まさに虫の息である。

（同右）


同じく軍事課勤務で、数年後の参謀本部勤務時代にも武藤と職場を共にする高嶋辰彦《たかしまたつひこ》の証言は、より「永田と武藤」の印象が強い。

昭和十年八月十二日永田軍務局長の血まみれのお姿を、凶変直後の局長室で拝した者は数人にしかすぎない。私もその中の一人であった。高級課員の武藤章中佐が、ほとんど息の絶えかかった局長を抱きかかえて、自らも血の滴《したた》りを浴びていた凄惨な情景が今も眼前に浮《う》かぶ。

（永田鉄山刊行会『秘録　永田鉄山』）

武藤らが駆けつけた時には辛《かろ》うじて息があった永田だが、まもなく息を引き取った。それにしても、瀕死の永田を抱きかかえた武藤と池田のうち、なぜ高嶋の記憶には武藤の姿のほうが「今も眼前に浮ぶ」のであろうか。

これは推測だが、永田が信頼する武藤、武藤が尊敬する永田という相互に認め合う関係は周囲にも知られており、しかも武藤はのちに永田と同じ「軍務局長」という地位に昇っている。そのため、高嶋のなかに記憶を新たにするほど強いイメージを与えたのではないだろうか。永田にしてみれば信頼する部下に最期《さいご》を看取《みと》られたことになるが、その死は唐突であり、強制であり、凄惨であった。

武藤宅に来た皇道派将校たち

武藤が軍務局に来る前、すなわち昭和九（一九三四）年三月から一年間、歩兵第一連隊附の中佐として勤務していた時期のこと。「正月」というから、昭和十（一九三五）年はじめのことであろう、士官学校在学中の池田俊彦《いけだとしひこ》という人物が、連隊の将校と共に武藤宅を訪ねてきた。

〔武藤は〕これからの戦争は補給戦が第一だといって、後方の兵站の重要性を語られた。愛嬢の千代さんを膝の上に乗せて、「千代んべ、千代んべ」と可愛がっていた人間味溢《あふ》れる横顔。

（池田俊彦『生きている二・二六』）

一見、娘を可愛がる何気ないエピソードであるが、のちの武藤の立場を考えると違った一面が見えてくる。まず、この池田俊彦は、翌昭和十一（一九三六）年の二・二六事件に際して首相官邸襲撃部隊の一翼を担い、無期禁錮の判決を受けている。つまり、「昭和維新」の理念に共鳴し、国家の革新を願う軍人の一人だったのである。

しかし池田は武藤を訪ねた時、思想的な共鳴はともかくとして、「昭和維新」と呼ばれる運動にそれほど深く関与しているわけではなかった（同右）。だからこそ、武藤も目の前で娘を可愛がりながら話をしたのだろう。

いっぽうで、武藤の回顧録には別の話が記されている。武藤によれば、連隊での仕事は教育主任であり、「聯隊長の教育上の参謀」のような仕事だったという（武藤『比島から巣鴨へ』）。武藤は連隊長の命を受けて、国家革新運動に意欲を示す連隊将校を指導し、本来の任務に邁進《まいしん》するように導いていた。武藤いわく、「その結果は着々あらわれた」（同右）。

そんなある時、武藤は運動の中心的人物である磯部浅一、村中孝次の訪問を受ける。


彼等《かれら》は私の聯隊将校に対する指導を非難した。時代錯誤と罵倒した。私は色々啓蒙的説明を加えたが、彼等は頑《がん》として応じないので、私は「お前方の運動方法には絶対反対だ。君等が万一越軌《えつき》の行動に出るならば、私は断乎《だんこ》弾圧手段に出る」と結言して別れたことがあった。

（武藤『比島から巣鴨へ』）

私宅であるからやはり家族がいたはずだが、ここには娘と戯《たわむ》れながら話す、気さくな武藤の姿はない。それでも、「色々啓蒙的説明を加えた」と言うからには、磯部や村中を頭から叩きつけたわけではないということだろう。

革新運動に関与する青年将校らと、武藤の対立が激しくなっていったことは否《いな》めない。民間人だが武藤と親しく、国策研究会（シンクタンクのようなもの）の主宰者でもある矢次《やつぎ》一夫《かずお》は、武藤と青年将校の対立を次のように記している。

さらに彼が陸軍省軍事課に転任する直前、革新青年将校中の俊鋭山口《やまぐち》〔一太郎《いちたろう》〕大尉と栗原《くりはら》〔安秀《やすひで》〕中尉とが、歩一連隊に転入して来るとの内報があり、驚いた連隊長が、武藤に命じて陸軍省に阻止運動を起《おこ》した。これが失敗に終《おわ》ったあと、彼は青年将校に対し、今度来る山口、栗原の二人は、過激な思想を持っているから、感化されないように、と注意を与えたが、武藤のかかる言動は、直ちに山口、栗原、村中〔孝次〕等に密報され、以後彼に対する反感と敵視とは、一層激化したという事情がある。

（矢次一夫「陸軍軍務局の支配者」）

こうして、武藤は青年将校にとって主要な「敵」の一人となっていったのである。

軍政の中心へ

前述のように、武藤が軍務局軍事課に附されたのは、永田鉄山が殺害されるおよそ五カ月前、昭和十（一九三五）年の三月のことだった。後年、軍務局長として辣腕《らつわん》を振るい、時に黒幕的印象さえ与える、武藤の本格的な軍務局勤務はこの時に始まる。

軍務局には、局長として前年三月、すでに永田の姿があった。永田の軍務局長就任は、陸軍内部の「世論」（土橋勇逸『軍服生活四十年の想出』）と言われるほど待望されたものであり、永田の局長実現に動いた中央部幕僚もいる。たとえば、満洲事変当時は石原莞爾と共に関東軍の参謀だった片倉衷は、次のように回想している。

更《さら》に軍政は永田〔鉄山〕、作戦は石原〔莞爾〕と、この両輪が整《ととの》えば陸相、参謀総長を輔《たす》け、はじめて時局の転換、国家の建て直しが出来ると感じた。そこで当時歩兵第一連隊長であった永田を軍務局長にすべく、研究会のメンバーや、更には武藤章等を動かしその工作を進めた。

（片倉衷『片倉参謀の証言　叛乱と鎮圧』）

「武藤章等を動かし」という箇所は、武藤が中央部と関係のない、まだ隊附《たいづき》であったことを考えるとすこし奇妙な気もするが、これも軍内部の「世論」を盛り上げるためといったところだろう。片倉の証言には自分の行動を大きく見せようとする部分もあるが、永田という存在に対する期待感は伝わってくる。

片倉いわく「その結果かどうか分《わか》らぬが」、ともかく昭和九（一九三四）年三月に永田が局長となり、さらには「各方面に働きかけ、武藤章を軍事課の高級課員に迎えることに成功した」と、自らの功を誇っている（同右）。永田だけでなく、その下には武藤が必要だとの考えがあったのだろう。

永田と武藤については、別の証言もある。武藤の前任の高級課員である土橋勇逸《つちはしゆういつ》は、東條英機らに頼まれて教育総監の真崎甚三郎に「永田軍務局長」という「世論」を伝えにいった、と述べている（土橋『軍服生活四十年の想出』）。さらに土橋は、自分の後任として武藤が高級課員になった件についても記述している。

武藤は永田さんのお気に入りで、昭和十年三月には一ヶ年の隊付が終わる。そこで私の後任には武藤を据える予定であったから、この武藤を軍事課に取り、武藤が軍事課に慣れるのを見計らって私は支那旅行に出かけることにした。

（土橋『軍服生活四十年の想出』）

武藤が「永田のお気に入り」だったのは、衆目の一致するところだったようだ。武藤自身は、永田を次のように評している。

我々部下は同少将に「合理適正居士《ごうりてきせいこじ》」の尊称を奉《たてまつ》っていた。永田少将はいろいろのデマを放送され、陰謀家のように云《い》われたが、全くの虚構であって、合理適正と認めざるかぎり頑《がん》として応じない人であった。それが一部の野望家たちには妨《さまた》げになるから排斥されたのである。

（武藤『比島から巣鴨へ』）

これは無論、武藤の主観的評価である。しかし、武藤が永田をどう評価し、永田を「排斥」していた人々をどのように観察していたのか、その心情を知ることはできる。永田を殺害し、さらにはその同志たちによって引き起こされた二・二六事件に対する、武藤の姿勢の基礎にあるものだと言えよう。

二・二六事件

相沢事件は、彼の「同志」、すなわち磯部浅一、村中孝次、栗原安秀ら青年将校たちを激しく刺激した。事件当日、陸軍省にタクシーで駆けつけた磯部は、当日の模様を次のように記している。

省前は自動車で一杯、軍人があわたゞしく右往左往している。たしかに惨劇のあった事を物語るらしいすべての様子、余の自動車は省前の道路でしばらく立往生になったので、よく〳〵軍人の挙動を見る事が出来た。往来の軍人が悉《ことごと》くあわてゝいる。どれもこれも平素《へいそ》の威張り散らす風、気、が今はどこへやら行ってしまっている。余はつく〳〵と嘆感した。これが名にしおう日本の陸軍省か。これが皇軍の中央部将校連か、今直《ただ》ちに省内に二、三人の同志将校が突入したら陸軍省は完全に占領出来るがなあ、俺が一人で侵入しても相当のドロボウは出来るなあ、なさけない軍中央部だ、幕僚の先は見えた、軍閥の終えんだ、今にして上下維新されずんば国家の前路を如何《いかん》せんと云《い》う普通の感慨を起《おこ》すと共に、ヨヲッシ俺が軍閥をたおしてやる。既成軍部は軍閥だ。俺がたおしてやると云う決意に燃えた。

（河野司編『二・二六事件　獄中手記・遺書』）

いかに軍人とはいえ、戦場ではない軍の中央官衙で、要職にある人間が執務中に殺害されたとなれば、動揺するのはやむを得ない面もあるが、その動揺が磯部に自信を与えてしまったのもまた事実であろう。

そして相沢事件の翌年、昭和十一（一九三六）年二月二十六日、事件は起こった。歩兵第一連隊、第三連隊を中心とする部隊が一部青年将校に指揮され、軍・政府の要人の襲撃と要所の占領を行った。二・二六事件である。

殺害されたのは内大臣斎藤実（予備役海軍大将）、大蔵大臣高橋是清《たかはしこれきよ》、陸軍教育総監渡辺《わたなべ》錠太郎《じようたろう》（陸軍大将）らで、侍従長の鈴木貫太郎《すずきかんたろう》（予備役海軍大将）は重傷を負ったが一命を取り留めた。首相の岡田啓介《おかだけいすけ》は難を逃れている（後述）。

事件の発生や収束までの経過は詳しく触れないが、武藤の動きについて見てみたい。

当日朝、武藤は入院していた妻を見舞い、すこし遅れて陸軍省に出勤した。しかし、登庁しようとすると、主計課長の栗橋保正《くりはしやすまさ》に押しとどめられ、在京部隊の一部が決起して要人の殺害や参謀本部、陸軍省が占領されていることを知った（武藤『比島から巣鴨へ』）。ここから、武藤の大車輪の活動が始まる。

私はすぐ憲兵司令部に行った。当時軍事課長は高血圧のため仕事に支障があったので、私は自然課長代理を務めねばならぬことになった。陸軍大臣、次官、参謀総長等は宮中に伺候《しこう》してかえらぬので、確たる方針が立たず、各局長や部長は途方に迷って居たようであった。私は当時私の採った処置に就《つい》て冗々《じょうじょう》しく述べることを避けるが、所謂《いわゆる》蹶起《けっき》部隊を反乱軍として一刻も速《すみや》かに鎮圧すること、陸軍は上下一体謹慎して陛下にお詫《わ》びせねばならぬこと、速かに粛軍《しゅくぐん》の実《じつ》を挙げることの方針を、軍事課課員に示して一切の処置に当《あた》った。私は約二週間、真に不眠不休で働いた。

（武藤『比島から巣鴨へ』）

当時、軍務局の課員だった有末精三《ありすえせいぞう》によれば、軍事課課員は「反乱鎮定一本槍の思想に統一」されていたが、課長の村上啓作《むらかみけいさく》大佐（のち中将）は宮中にいて不在、課員を統一していたのは「高級課員の武藤中佐」であり、課員は「永田事件いらい越軌の青年将校を抑《おさ》えるため平素《へいそ》苦慮していた者ばかり」だったという（有末精三『有末精三回顧録』）。

武藤が課長代理を務めた理由は異なるが、軍事課を「反乱鎮定」の立場でまとめ上げた点は一致する。同時に、軍事課が永田鉄山が殺害されて以降、相沢三郎に味方する青年将校に反感を持っていたこともうかがえる。

反乱は軍上層部の対応に問題はあったものの、昭和天皇の断固たる討伐意思もあり、二月二十九日までに鎮定した。そして、武藤の運命はここから開けていくことになる。

組閣への横槍

岡田啓介首相は二・二六事件で襲撃されるも、女中部屋に隠れて難を逃れ、二十七日に反乱軍が占拠中の首相官邸から脱出。翌二十八日に参内《さんだい》すると、辞意を伝えた（木戸幸一著、木戸日記研究会校訂『木戸幸一日記　上巻』）。

これを受けて、昭和天皇は新しい首相候補の推薦を元老の西園寺公望に要請し、西園寺は近衛文麿に話を持ちかけた。近衛は、五摂家筆頭である近衛家の当主であり、皇室とも近しい関係にあった。さらには各界からの声望も高く、混乱した国内状況の収拾を期待されたのである。

ところが、近衛は西園寺に対し「健康の到底《とうてい》堪え得ざる」ことを理由に固辞した。それでも、西園寺は近衛を推挙。近衛に大命《たいめい》降下するも、近衛は健康を理由に拝辞した。辞退理由については当時から西園寺との政見の違いが囁《ささや》かれ、近年の研究では皇道派や急進右翼と近く、「国論統一」を持論とする近衛が、「皇道派、ひいては急進的な右翼を政界から排除」を目指す西園寺と相容《あいい》れなかったことが原因と指摘されている（古川隆久『近衛文麿』）。

結局、大命は岡田内閣の外務大臣、広田弘毅に下った。昭和十一（一九三六）年三月五日のことである。ここで、序章で述べたように、新陸相予定者である寺内寿一を支えながらの、武藤による政治介入が起きる。

広田のもとで書記官長を務めた藤沼庄平《ふじぬましょうへい》（元内務官僚、衆議院議員）によれば、当初陸軍は政党からの入閣を一名とする要求を出し、藤沼らはそれを何とか二名まで認めさせたという。しかし、三月九日に組閣本部（外務大臣官邸）で新内閣の諸々を相談した際、話は再びこじれる。

広田さんが「これでよろしいでしょうな」と一言せんとする刹那《せつな》、真に一呼吸の間、寺内大将が「一寸《ちょつと》」と言うて座を立ち、別室に居る軍務局員と三十分ばかりで帰来、「矢張《やは》り政党よりの入閣者は一名でなくては組閣は承知出来ぬ」というのです。

（藤沼庄平『私の一生』）

この時、「別室」にいた軍務局員が武藤だと思われる。そうであれば、一部政党人の入閣および人数を制限するような武藤の行動は、「軍部の政治介入」の典型のように見える。

政治介入はあったのか

この件について、武藤本人はどのように述べているのだろうか。武藤は広田弘毅内閣の組閣時に、「陸軍部内に軍内閣の熱が相当にあった」としている。

この運動を抑圧する為《ため》、私は身命を賭《と》して会合に乗り込み、辛《かろ》うじて説得したことさえあった。
（武藤『比島から巣鴨へ』）

武藤の回想には裏づけもある。二・二六事件の翌年に出版された書籍で、著者の和田日出吉《わだひできち》（当時、中外商業新報論説委員）は、次のように記述している（□部分は原著では空白になっている）。

こうした情勢の中に軍務局の中にあって、——名前は控えるが世間では相当急進的な政党否認の立役者のように思われた男、現在は中央部を離れて他へ転出している某中佐が中心に、卒先して議会政治否認の潮流を阻止する工作をやった。この男は仲々偉《えら》物《ぶつ》らしく、□□内部に対しては敢然として、議会政治否認の時期に非《あら》ず、且《か》つ憲法違反なるを盾《たて》に取ってこの主張を□□主流としようとし、外部即《すなわ》ち□□に対しては、寺内始め軍の上層部を通じて、強力内閣を要望するなど、内外的に政治的工作をやったものだ。

（和田日出吉『二・二六以後』）

「某中佐」とはもちろん武藤のことである。和田によれば、武藤は「議会政治否認の潮流を阻止」するために行動していたのである。同時に、「世間では相当急進的な政党否認の立役者のように思われた男」とあるように、武藤が「議会政治」の否定者であるとの認識は、世間にも相当程度、浸透していたことがわかる。積極的に行動する武藤は、その行動力から誤解されることもあったのだろう。

また、実際に武藤に「革新政策」の断行を迫るような動きもあったらしい。元毎日新聞記者の林広一《はやしひろいち》は二・二六事件直後、親しい長勇《ちょういさむ》（桜会のメンバー、のち中将）に対して、次のように述べている。

「私はね、このさいは革新政策の実行で行けばいいと思っとるんです。……実行しなけりゃ、ぶっつぶす。内閣なんて何度でもぶっつぶしゃいいじゃないか。……武藤章に掛け合わしゃいいでしょう」

（林広一『革命成らず』）

長も「わしのいうことなら聞く」（長勇は熊本幼年学校で武藤の後輩）「武藤にご苦労願うことにしまっしょう」と引き受けたのである（同右）。

武藤は当時、自分の行動について多くを語らなかったというが、昭和十四（一九三九）年十月に軍務局長に就任した際、矢次一夫に事情を話している。

武藤が私に答えたところによると、当時は二・二六事件の余震なお激しく、軍内には彼等の犠牲と精神とを活かせという同情論が圧倒的で、とくに軍政府を樹立すべしとの要求が、非常に強かった。しかし武藤等は軍政府論に反対で、寺内〔寿一〕陸相、梅津《うめづ》〔美治郎《よしじろう》〕次官等とともに、むしろ粛軍《しゆくぐん》の徹底を急務とし、これを推進していた。だから彼は屡々《しばしば》青年将校の会合や、強硬派将校の会にも乗り込み、批難にも論争にも不眠不休で応酬し、文字通り生命《いのち》がけの説得に努めたのである。かかる物騒な情勢の中で、広田〔弘毅〕のとった組閣方針は、全《まつた》く生ぬるいもので、老衰弱体の中間内閣に過ぎなかった。これでは軍政府論の策動を抑え、粛軍徹底に邁進する軍首脳として、とうてい軍部大多数の支持は得られず、ひいては政府への協力も覚束《おぼつか》ない。清《せい》新溌剌《しんはつらつ》たる強力内閣でないと困るというのが、軍中央部の思い詰めた気持だったという。

（矢次「陸軍軍務局の支配者」）

武藤の「約二週間、真に不眠不休で働いた」という言葉は、こうした「軍政府樹立」を策す連中との論争をも含めてのものだったのだろう。このような大車輪の活動をするなかで、「武藤章」の存在はさまざまな場所で広がっていったのではないだろうか。

こうして、二・二六事件後の陸軍の引き締め、すなわち粛軍に奔走する武藤であったが、昭和十一（一九三六）年六月、関東軍第二課長として満洲の地へと赴く。粛軍の徹底は三月から新次官となった梅津美治郎中将の手によって行われることになる（拙著『最後の参謀総長　梅津美治郎』）。梅津は事件発生当初、仙台の第二師団長であったが、事件の初期から明確な討伐方針を中央に具申し、存在感を示していた。

武藤は、軍事課勤務の約一年を「終始不快な月日であった」と回想している（武藤『比島から巣鴨へ』）。派閥抗争が頂点を迎える時期に中枢近くにいたことは、ストレスだったのだろう。

第三章

日中戦争

綏遠事件

武藤の関東軍での地位は第二課長、つまり情報課長であった。着任は昭和十一（一九三六）年六月、八月には大佐に進級する。関東軍での武藤の勤務期間は短く、一年に満たないものだった。しかし、ここで武藤はまた彼自身のイメージを形作る出来事に関係することになる。「はじめに」で触れた、綏遠《すいえん》事件である。

綏遠事件のいっぽうの主役は蒙古族の徳王である。徳王はチンギス・ハンの子孫であり、蒙古族の優位性を自覚し、チンギス・ハンの事業を受け継がねばならないと考えるようになった。当初は蔣介石《しょうかいせき》の国民政府内で自治を模索していたが、やがて限界を感じるようになり、内蒙古に勢力を伸ばそうとしていた関東軍と連絡するようになった（広中一成『ニセチャイナ』）。

もういっぽうの主役である関東軍は、「対内蒙施策要領」（昭和十年七月二十五日）の「方針」で次のように記述している。

一、軍は対蘇《ソ》〔連〕作戦並《ならびにこれ》之が準備の為《ため》必要とする平時《へいじ》諸工作を有利ならしめ且《かつ》満洲国の国防及《およ》び統治を安全容易ならしむる目的を以《もっ》て先《ま》ず内蒙に於《お》ける親日満区域の拡大強化を図《はか》り北支工作進展に伴《ともな》い内蒙をして中央より自立するに至らしむ。

（稲葉正夫「昭和戦争史講座（第一八回）関東軍の内蒙工作（一）」）

「中央」とは蔣介石の国民政府を指す。つまり、関東軍は満洲国の安定のために内蒙古を独立させ、その支援をしようと画策していたのである。その工作は武藤が関東軍に来る前から始まっていた。昭和十一（一九三六）年五月十二日には徳王より年長の雲王《くもおう》（ユンデン・ワンチュク）を主席、徳王を総裁とする蒙古軍政府が成立した。

同政府の財政基盤確立のために計画されたのが、綏遠省東部の土地を奪い取ることであった。昭和十（一九三五）年から内蒙工作に関与していた田中隆吉《たなかりゅうきち》（第二課勤務、のち少将）によれば、徳王は綏遠省の旧蒙古地域併合のために満洲国の援助を要求してきたという。そこで田中は、関東軍司令官・植田謙吉《うえだけんきち》と参謀長・板垣征四郎の意を受けて「軍隊の訓練不十分の現状に於《お》いては失敗に終《おわ》る公算が多い」ことを説明した（田中隆吉『裁かれる歴史』）。

しかし、徳王は説得に応じず、結局、田中は助言者として九月末に徳王の元に派遣されることになった。徳王の部隊は十一月中旬に行動を開始するも、綏遠省長の傅作儀《ふさくぎ》の軍によって撃退され、百霊廟《ひゃくれいびょう》を奪われた。ここで登場したのが、武藤である。

食い違う証言

視察に訪れた武藤は、百霊廟の失陥を遺憾とし、徳王に奪回を命じたという。

> 私はそれが無用の愚策たることを武藤氏に説いたが、氏は頑《がん》として聴かぬ。そこで徳王は止《や》むなく王英《おうえい》氏の残したゲリラ部隊の残部を自動車に搭乗せしめて百霊廟に向《むか》って出発せしめた。この部隊は百霊廟に到着する前にシラムリン廟に於《おい》て背反し予備役の小浜《おばま》〔氏善《うじよし》〕大佐外《ほか》二十数名の運転手を拉致《らち》して伝作儀《ママ》〔傅作儀〕の許《もと》に投じた。この人々は後に到って悉《ことごと》く銃殺刑に処せられた。　（田中『裁かれる歴史』）

田中隆吉の証言を読むと、武藤は田中の忠告を聞かず、敗北した軍隊に無謀な攻撃を命じ、結果、部隊を裏切らせるばかりか日本軍人を犠牲にさせてしまった、ということになる。しかし、武藤の回想では様相が異なる。武藤は「詳しい原因は知らぬが、徳王の軍隊がその主張する地域の関係から綏遠省の境界附近で伝作儀の軍隊と衝突を起《おこ》した」と記す。

田中中佐はこれが世話に奔走していたが、徳王の軍隊は散々敗走して熱河《ねつか》省に圧迫される状況となった。が田中中佐は神経衰弱にかかりどうすることも出来ぬ始末となった。私は十二月命《めい》を受けてこれが収拾に行った。厳冬の蒙古は寒かった。私は徳王に会い、状況をきき、頑強に主張する徳王をなだめて兵を後方に退《しりぞ》け、不用の軍隊を整理して安静に帰せしめた。

（武藤『比島から巣鴨へ』）

武藤の記述では、そもそも田中は途中で神経衰弱となり、徳王軍の後始末もできていない。もちろん、田中が武藤を諌《いさ》めた話などは出てこず、徳王を説得して兵を撤収したのは武藤自身ということになっている。

ここまで異なると、別の証言を見る必要がある。綏遠事件当時、関東軍附で田中の側にいた砲兵大尉松井忠雄《まついただお》によれば、田中に意見を聞かれ、「百霊廟奪還など愚《ぐ》の骨頂《こつちよう》だ」と答えると、田中は「戦いはバクチだ。丁《ちょう》とはったら丁で押すんだ」と松井の言を一蹴したという（松井忠雄『内蒙三国志』）。つまり、百霊廟奪回にこだわったのは武藤ではなく、田中ということになる。

内蒙工作

当事者の一人である徳王は「田中隆吉は今回の戦いの首謀者・指揮者」であり、自分たちは「下僕・追従者」であったと述べている（ドムチョクドンロプ著、森久男訳『徳王自伝』）。

徳王の自伝は戦後、共産党支配下の中国で書かれたものであり、事件における自身の役割を過小に叙述している感は否めない。それを差し引いても、徳王が武藤をかばってその責任を田中に押しつける理由はない。徳王によれば、昭和十二（一九三七）年一月に田中が更迭されて武藤が代わりに来た際に、部隊再編の相談をした。

武藤章は兵力を集中させ、騎兵と砲兵との連携を保ちながら作戦できるように、蒙古軍の九個師《し》（＝師団）を六個師に再編して、各師に砲兵中隊を配置するよう主張するとともに、各師に四門の山砲《さんぽう》をくれると約束した。当時、私も武藤章の主張には道理が備わり、軍事原則に合致しているのみならず、蒙古軍は山砲を何門か余計にもらえて、部隊の編成・装備を強化できると思った。しかし、私はつねに蒙古軍の拡大ばかりを考えて、縮小を望まなかった。（ドムチョクドンロプ『徳王自伝』）

武藤の証言と異なる部分もあるが、武藤の言う「不用の軍隊を整理」という点は一致するし、何より百霊廟奪還を強引に命ずる武藤の姿はない。徳王も、武藤の主張を「軍事原則に合致している」と述べており、非難の調子は見られない。

そもそも武藤は、内蒙工作はもとより、この時まで中国との縁が浅かった。ノンフィクション作家の澤地久枝《さわちひさえ》が指摘しているように、武藤は「中国問題では専門外の軍人」だったのである（澤地久枝『暗い暦』）。

松井忠雄は、事件の収拾のために来た武藤の「結局、俺は田中の舌三寸《したさんずん》に躍ったわけか」という言葉も聞いている（松井『内蒙三国志』）。武藤としては、関東軍に赴任したばかりでよくわからないうちに内蒙工作にかかわることになってしまった、といったところだったのではないだろうか。

　もちろん武藤は、内蒙工作にまったくかかわっていなかったわけではない。綏遠への軍事侵攻が行われる前、「はじめに」で紹介した石原莞爾とのやりとりがあった。ここで、すこし詳しく紹介したい。内蒙工作中止を勧告する石原に対し、武藤は次のように応じている。


「唯今《ただいま》のお示しは、両長官〔閑院宮載仁《かんいんのみやことひと》親王参謀総長、寺内寿一陸相〕の意志なので、左様におっしゃるので、必ずしも石原部長御自身の御気持ではないと心得て、よろしいでしょうか」

「貴官は何を申す。既《すで》に幾回も、我輩の名を以《もっ》て、内蒙工作の不可を電報しているのではないか。両長官は、軍をしてきびしく中央の統制に服さしめるよう、小官を派遣したものです」

「これは驚きました。私たちは、石原さんが満州事変の時、やられたものを模範としてやっているものです。あなたから、お叱りを受けようとは、思っておらなかったことです」（今村「満州火を噴く頃」）

今村均（当時関東軍参謀副長）によれば、武藤がこのように言うやいなや「若い六名の参謀が一せいに声を挙げて」笑い、石原も「すっかりてれてしまい」その夜の打ち合わせも中止になったという（同右）。ちなみに、石原は当時、作戦「部長」ではなく、戦争指導課長であるので、この部分は今村の記憶違いだろう。

この一挿話は、単に勝ち気な武藤が機転を利《き》かせて石原をやり込めた、というだけに止《とど》まらない意味を持っている。石原が武藤の応答に何ら反論できなかったということは、石原自身が自分たちの行動、すなわち柳条湖事件（満洲事変）がどのような影響をおよぼしているかをよく理解していたということだ。

満洲事変から太平洋戦争までを一直線に結び、あたかも、一本道を突き進んだような解釈は単純にすぎ、結果論から一連の事件を無理やり関連させようとする強引さが見られる。

しかし、いくつかあった道のなかで一つの道を選んだということは、歴史の「方向」をある程度定めた、と言うことはできる。石原が柳条湖事件を起こさないか、かかわっていなければ、当然ながら武藤のセリフは出てこない。そして、石原の、中央の方針に従えという言葉はもっと重く響いたはずである。

石原自身、武藤にやり込められはしたものの、それは自分が「前例」を作ったことを逆《さか》手《て》に取られて押し黙ったにすぎない。少なくとも、この時点で自分の行動が歴史に悪い影響を与えたとは思っていなかったのではないか。だからこそ、石原は自分が参謀本部作戦部長に就いた時、もっとも重要な部署と言える作戦課長の地位に武藤を充《あ》てたのであろう。

戦争指導課の新設

武藤が短い関東軍勤務を終えて中央に戻ってきたのは、昭和十二(一九三七)年三月のことだった。次の勤務場所である参謀本部の作戦部作戦課は、統帥を司《つかさど》る参謀本部のなかでもとりわけ重要な部署だった。

ただし、武藤が作戦課長になった当時、作戦部内では大きな組織の転換が起こっていた。それまで「作戦課」と呼ばれてきたのは第二課であったが、前年六月に新しく「戦争指導課」が新設されて第二課となり、作戦課は第三課となったのである。戦争指導課の新設は、主に石原莞爾の主導によるものだった。石原は昭和十一（一九三六）年三月二十日に意見書「参謀本部編制 竝《ならびに》 担任業務ニ関スル意見」を出し、そのなかで次のように述べている。

中央部に於《お》ける業務処理の統制迅速を期する為《ため》、先《ま》ず参謀本部業務の中核を確立す。之《これ》が為《ため》戦争指導 竝《ならびに》 現在各部課に於《おい》て担任しある国策政策に関する事項等を一課に、又《また》作戦計画を中心とする用兵軍備に関する現実的業務を他の一課に集収し、之を新第一部長統括して参謀本部業務の中核を形成す。

（角田『石原莞爾資料［増補版］国防論策篇』）

戦争指導課ができた時、石原は作戦課長だったが、自ら初代戦争指導課長へと移る。それまで第二部（情報）の役割であった情勢判断を戦争指導課に吸収し、総務部にあった編制動員課は作戦課へと統合された。こうして、作戦と戦争指導の二つが作戦部の中心となり、参謀本部の主要な権限が作戦部へ集約される形となった（川田稔『石原莞爾の世界戦略構想』）。

石原が部長になったあとは戦争指導課長に河辺虎四郎《かわべとらしろう》、作戦課長に武藤が就いた。当時、戦争指導課にいた稲田正純《いなだまさずみ》は、次のように述べている。

新第三課という課は、陸軍を一手に切っています課ですから、これは陸軍切ってのやり手を連れて来る。それだから、厄介《やっかい》なやつだけれども、まあ見廻したところでは、若手の大佐では武藤章だということになったわけです。

（日本近代史料研究会編『稲田正純氏談話速記録』）

さらに、石原は稲田に「武藤はね、あいつは自由主義者だけれども、仕事をさすのならあいつだから第三課長にしたんだよ」と話したという（同右）。「厄介な」、しかし「陸軍切ってのやり手」という能力面での評価もちろん、石原が武藤を「自由主義者」と見做《みな》していたことも注目に値する。石原の公平な能力主義と共に、政治へ干渉する陸軍の中心人物というイメージとはまた異なる武藤の一面がとらえられている。

武藤の意外な一面

稲田が「陸軍を一手に切って」いると述べたように、新作戦課は相当忙しかったようだ。武藤本人も「尨《ぼう》大な課」「尨大な仕事の研究に没頭して、他を顧《かえり》みる遑《ひま》はなかった」と述べており（武藤『比島から巣鴨へ』）、その忙しさが想像できる。

部下における武藤新課長の評判は上々だったようだ。作戦班にいた今岡豊《いまおかゆたか》（大尉）は、着任した武藤が各班長から状況報告を受けて「テキパキと業務を処理」し、前任者の富永恭次は「寡言で作戦室はいつも静か」だったのが、武藤になってからは「課長の周辺はいつも賑《にぎ》やかで活気にあふれていた」様子を証言している（武藤・上法『軍務局長　武藤章回想録』）。

武藤が着任してまもなくの頃、兵站研究演習が偕行社《かいこうしゃ》（陸軍士官の親睦・互助組織）に一週間泊まり込みで行われたことがあった。

かつて満州事変当時作戦課の兵站班長をしておられた関係もあろうが、統裁振りは実に美事《みごと》であった。演習が終《おわ》って補助官のために一夕慰労《いろう》の宴を設けられたが、このような時の武藤大佐は平素の侃侃諤々《かんかんがくがく》の議論は影をひそめて、いかにも打ち寛《くつろ》いだ気持で接せられるので、温情味のある人柄を感知したものである。

（武藤・上法『軍務局長　武藤章回想録』）

「無徳」などと言われる武藤ではあるが、けっして気難しかったり、理由もなく厳しくするような人物ではなかった。むしろ、普通に接していれば明るく、つきあいやすい上司だったのだろう。今岡は、武藤によく決裁をもらいに行っていたというが、ある時、次のような話を聞いている。

「今岡！　私がテニヲハまで直すのは、若い頃教育総監部に勤務していて、典範令《てんぱんれい》（注、典範令というのは例えば歩兵操典、射撃教範、軍隊教育令等軍隊教育に関する準縄《じゅんじょう》を規定した書類のことで、教育総監部が主担任であった）の起案や審議をしていたので、自然に用語やテニヲハまで十分気をつける習性が出来たからだ。あの頃は教育総監部に同期の田中新一（大東亜戦争時の作戦部長）や下山琢磨《しもやまたくま》（鈴木率道《すずきよりみち》作戦課長時の作戦班長）

がいて、我輩と三人で組んで仕事をしたので、口やかましい陸軍省や参謀本部の連中も、一目置いていたものだ」
（同右）

こうした事務仕事の能力は軍のみならず、あらゆる官僚機構で必要とされるものだろう。一見地味で軽視されがちではあるが、ほとんど紙とペンに頼らざるを得なかった当時、必要欠くべからざる能力だったことは容易に想像できる。

いっぽうで、こうした細かい事務作業、書類仕事を苦手としていたのが、石原莞爾である。石原も陸大卒業後、隊附勤務と中隊長勤務のあと、教育総監部に配属され、やはり典範令の校正などをやっていた。石原の同期生で同じく教育総監部に勤務することになった横山臣平《よこやましんぺい》によれば、石原はこの仕事が相当退屈だったらしく、上官に聞こえよがしに、

「おい横山、こんなつまらない仕事は陸大出の将校のする仕事ではない。少し頭のよい下士官の方が、我々よりはるかに確実ではなかろうか」
（横山臣平『秘録 石原莞爾 新版』）

と述べたという。

一見、石原の豪放さを示すエピソードに見えるが、膨大な書類仕事をしなければならない軍官僚としての石原の欠点を示してもいる。満洲事変の首謀者、宗教や軍事研究にもとづく最終戦争論を提唱した石原ではあるが、こういう地味な仕事を嫌がるようでは、官僚としては疑問符がつく。対して、武藤がテキパキと業務を処理して部下の信頼を得たのは、「テニヲハ」にまでこだわる、石原に言わせれば「つまらない仕事」をきっちりこなしていた努力の賜物《たまもの》だったと言えるだろう。

石原が望んで連れてきた武藤との仲は、まもなく破綻することになる。中国の盧溝橋で起こった日中両軍の偶発的衝突をめぐる対応で、二人は激しく対立したのだ。

盧溝橋事件

盧溝橋事件が起こったのは昭和十二（一九三七）年七月七日のことだ。北平《ほくへい》（現・北京《ペキン》）の郊外、豊台《ほうだい》に駐屯していた、支那駐屯軍の第一連隊第三大隊（大隊長・一木清直《いっききよなお》少佐）に所属する第八中隊（中隊長・清水節郎《しみずせつろう》大尉）が、盧溝橋付近での夜間演習中に銃撃を受けたことから始まった。

事件が起こる前、北支での日中間の感情は悪化していた。同年五月中に北支を視察した作戦課作戦班の井本熊男《いもとくまお》大尉は、支那駐屯軍司令官の田代皖一郎《たしろかんいちろう》中将より、豊台に駐屯地を新設してから「支那軍と顔をつき合《あわ》せており、とかく彼我の神経が尖《とが》り」対応に気を遣《つか》っている、という話を聞いている（井本熊男『支那事変作戦日誌』）。

さらに、武藤もかかわった綏遠事件が、中国側の日本への感情を刺激していた。

昨年十月綏遠事件失敗以来、支那側一般の対日態度は頓《とみ》に強化し、本年に入ってから排（反）日空気はいよいよ高まり、北支の各所において在留邦人に対する圧迫、妨害、不法行為、日本側の交通通信妨害等の事件が頻発している。その都度冀察《きさつ》政権、第二十九軍に対し厳重な抗議をして、事態の悪化防止に努めているという説明であった。

（井本『支那事変作戦日誌』）

「冀察政権」とは、正確には「冀察政務委員会」という地方自治政権で、宋哲元《そうてつげん》を委員長として北平と天津《てんしん》の両市、河北《かほく》とチャハルの両省の統治を行っていた。この政権は蒋介石によって承認されており、配下の第二九軍は満洲から逃れた旧東北軍が多く、反日感情が強かった。さらには軍内に共産党員が潜入しており、抗日宣伝が繰り返されていたという（広中『ニセチャイナ』）。

戦闘詳報によれば、第八中隊は盧溝橋西北約一キロメートルの竜王廟《りゅうおうびょう》での夜間演習中、午後十時四十分頃に「支那軍の既設陣地より突如数発の射撃を受」ける。清水中隊長はすぐに演習を中止し、集合のラッパを吹くが、再び「盧溝橋城壁方向より十数発の射撃」を受けた。部隊を集結させると、兵士一名が行方不明であることがわかり、「断然膺懲《ようちょう》するに決し」応戦の準備を整えた（小林他『現代史資料⑿ 日中戦争㈣』）。

この兵士はまもなく発見されるも、大隊は再び射撃を受ける。北平にある特務機関では冀察側と交渉が持たれ、双方の調査委員が現地に向かうが、翌八月の夜明け、第二九軍がいる宛平県《えんへいけん》城付近からまたも射撃を受け、ついに一木大隊は反撃するに至った。大隊は中国軍を撃退し、昼までには戦闘を停止した（日本国際政治学会 太平洋戦争原因研究部編『太

平洋戦争への道 開戦外交史 第四巻 日中戦争 下』)。
これで終結すれば、これまでもあった局地的衝突として事件は処理されたはずであるが、事《こと》はそれで済まなかったのである。

事件の対応をめぐる二つの意見

盧溝橋事件の発生時、参謀本部の最高責任者は皇族の閑院宮載仁親王(大将)だったが、皇族であったために実務にはタッチせず、参謀次長の今井《いまい》清《きよし》(中将)が実質的な責任者だった。

ところが今井は当時重病であり、仕事ができる状態ではなかった(翌昭和十三年一月に死去)。さらには、現地軍の責任者である支那駐屯軍司令官の田代皖一郎も重病で、まもなく死去するという状態だった。自然と、作戦部長である石原莞爾の役割は大きくなった。

事件の報告を受けた参謀本部では、当初「不拡大・現地解決」の方針を取り、田代司令官に、進んで兵力を行使しないよう、命令した(日本国際政治学会『太平洋戦争への道 開戦外交史 第四巻 日中戦争 下』)。ただし、この時すでに陸軍内部では事件への対処をめぐり、二つの考え方が対立していた。石原のもとで戦争指導課長を務めていた河辺虎四郎は、次のように記している。

参謀本部内の某有力課長から私への電話第一語が、「面白いことが始まったね」であり、そのすぐあと、私から陸軍省の某有力課長へかけた電話で、先方の返辞は「もちろん貴公のいうとおりだ。手っとり早く片づけてしまうことだ」というのであった。

（河辺虎四郎『河辺虎四郎回想録』）

「参謀本部の某有力課長」とは序章で述べたように作戦課長の武藤のことであり、「陸軍省の某有力課長」とは軍務課長の柴山兼四郎《しばやまけんしろう》（大佐）のことだ。

引用したように、河辺の回想には「参謀本部の某有力課長」として、武藤の名前はない。武藤の名前が出て来るのは、『戦史叢書　支那事変陸軍作戦〈1〉昭和十三年一月まで』（防衛庁防衛研修所戦史室）に引用された河辺の証言と、皇族の竹田宮恒徳王《たけだのみやつねよし》が大本営研究班員時代の昭和十五（一九四〇）年七月に河辺から聴取した「回想応答録」においてである。

八日の電報を見ました時の一つの例として申上《もうしあ》げますが、軍務課長が斯《こ》ういうことを電話で言って来ました。「厄介なことが起《おこ》ったな」。それが軍務課長の私に対する電話の第一声でありました。第三課長は「愉快なことが起ったね」と言って居《お》りました。当時そんな風に陸軍省と参謀本部に二つの空気があったのです——一方は之《これ》は何とか揉《も》み潰《つぶ》しをしなければならぬという風に思い、一方では此奴《こやつ》は面白いから油をかけてもやらそうという気持の上に違いがあります。（小林他『現代史資料⑿　日中戦争㈣』）

聴取の時期が戦前であること、相手が皇族であることを考えると、河辺の証言は概《おおむ》ね事実と考えてよいのではないだろうか。武藤の思惑《おもわく》はともかく、石原は最初事件の不拡大を望み、前述のように、現地にもその方針を伝えた。だからといって、陸軍中央の方針がしっかりとまとまったわけではない。武藤や軍事課長の田中新一は強硬だった。

この両課長の考えはいずれも〝事態は楽観を許さない、これに対処するには力を以《もっ》てする外《ほか》方法はない、それには北支におけるわが兵力を増強し、状況に応じては機を失せず一撃を加える、そうすることによってのみ事態を収拾できる〟という考《かんがえ》方《かた》に立ったものであった。

（田中新一「支那事変記録　其の一」）

参謀本部作戦課長・武藤と陸軍省軍事課長・田中は拡大、参謀本部戦争指導課長・河辺と陸軍省軍務課長・柴山は不拡大という、省部の有力課長クラスの間でこのような分裂があったのである。

停戦

石原莞爾が盧溝橋事件の不拡大を望んだ理由はどこにあったのか。当時、作戦課にいた西村敏雄《にしむらとしお》（少佐）の回想によれば、石原は次のように述べたという。

目下は専念満洲国の建設を完成して対「ソ」軍備を完成し、之《これ》に依《よ》って国防は安固を得るのである。支那に手を出して大体《だいたい》支離滅裂ならしむる事は宜《よろ》しくない。

（小林他『現代史資料⑿　日中戦争㈣』）

これに対して、武藤は「だが現地解決不可能にして、全面的衝突に悪化せんことも絶無とは云《い》えないので、参謀本部はその職責上これに応ずる対策も研究を進めた」と、控えめにその理由を述べている（武藤『比島から巣鴨へ』）。

武藤のこうした見解は、「大義名分をかざして『早期派兵』を推進した」（秦郁彦『盧溝橋事件の研究』）と評されるが、石原もこの「大義名分論」を次第に拒《こば》めなくなる。

なお、陸軍省では、すでに事件翌日の七月八日夕刻に大臣官邸で派兵についての相談があったらしい。軍事課編制班の西浦進《にしうらすすむ》大尉によれば、編制班長の吉田喜八郎《よしだきはちろう》中佐は次のように上層部の考え方を伝えている。

「支那側の増長に対し、この際三、四個師団を動員派遣して、初動に徹底的打撃を与えてこれを膺懲《ようちょう》することになったから、そのつもりで準備するように」

（西浦進『昭和戦争史の証言』）

陸相の杉山元《すぎやまはじめ》はこの案を通すべく、翌九日の臨時閣議に諮《はか》った。しかし、この提案は通らなかった。米内光政《よないみつまさ》海相によって、早期の派兵に異議が唱えられたのである。

只今《ただいま》迄の情報にては出兵を決することには不同意なり、内地より出兵となれば事重大にして全面戦争になることも覚悟の要《よう》あり、国際上よりも重大の結果を生《しょう》じ日本が好んで事を起《おこ》したるの疑惑なからしむる為更《ためさら》に事態逼迫《ひっぱく》したる上にて決したし、海軍としては全支に対する居留民保護の必要を生じ充分覚悟と準備を要す、事態どうしても内地出兵の外《ほか》なきに至らば夜中と雖《いえども》閣議を行い決することにしたし。

（軍事史学会編、黒沢文貴・相澤淳監修『海軍大将嶋田繁太郎備忘録・日記Ⅰ』）

米内の発言に他の閣僚も同意し、派兵案はひとまず保留されることになった。中央で事件への対処方針が議論されるなか、現地でも停戦交渉が行われた。九日午前三時には一応の協議が整い、五時を期して日中両軍が盧溝橋の戦線から撤退することが決められた。しかし、日本軍は協議通り撤退したものの、中国軍は撤退どころかこれに攻撃を加える始末だった（今井武夫『支那事変の回想』）。

日本軍はただちにこれに反撃する。両軍の調停委員が調査した結果、中国軍内で末端の部隊まで命令が徹底していなかったことが判明し、昼までには一部を除いて中国側も撤兵した（同右）。十一日になると、松井らと共に停戦交渉を行っていた北平大使館附武官補佐官の今井武夫少佐はさらに単独で交渉を行い、調停に成功する（同右）。

ところが、東京では同日、関東軍と朝鮮軍から一部の部隊を派兵し、さらに内地から三個師団を派兵する案が閣議決定されてしまう。一度は米内の反対で流れた三個師団動員案であるが、これが急に採用されてしまったのはなぜだったのだろうか。

二転三転

保留から一転して派兵に方針が変わったのは、参謀本部作戦課による情勢判断の結果による。すなわち、中国側は「国民の抗日意識を昂揚する一方、対日武力戦争の準備を促進しつつある」「在留邦人の生命財産はまた危険に瀕《ひん》するであろう」「在支居留民の保護に関し、遺憾なきを期せねばならぬ」などというものだった（今岡豊『石原莞爾の悲劇』）。

こうした懸念は、根拠のない話ではなかった。もし全面衝突に発展すれば、北平、天津地区の約一万五〇〇〇人の居留民に対し、支那駐屯軍は六〇〇〇人に満たず、対してこれを取り巻く中国側の兵力は七万五〇〇〇に達すると見られていた。

さらに、中国側も第一線一〇〇個師、予備約八〇個師の編成や一〇〇万人分の食糧六カ月分の確保など、大規模な衝突に備えた措置が取られていた（サンケイ新聞社『蔣介石秘録12 日中全面戦争』）。また、参謀本部にも七月十日の二十三時に「蔣介石は四コ師を石家荘《せっかそう》付近に北上すべく命令し、同時に中央飛行隊に対し出動命令を下したるもののごとし」という電報が入った（防衛庁『戦史叢書 支那事変陸軍作戦〈1〉昭和十三年一月まで』）。

石原莞爾は、このような情勢と武藤らの「何かあったら」という説得に屈したと見られる。結局、石原は陸軍省とも打ち合わせて、この意見を採用。杉山元陸相が十一日の閣議に諮ることになった。

閣議前の五相会議（首相、外相、蔵相、陸相、海相）では最初、杉山は「支那駐屯軍の救援、謝罪、将来の保障」などを目的として派兵し、「応ぜざれば攻撃」する、として了解を

求めた（軍事史学会他『海軍大将嶋田繁太郎備忘録・日記Ⅰ』）。

それでも、方針としてはあくまで不拡大、「極力現地解決」としたが、広田弘毅外相らからは全面戦争になる危険を指摘され、「北支のみ」と主張する陸相と対立した。米内光政海相は「動員したる後に派兵不要となりし時」のことを念押しされ、杉山もその場合は「決して出兵せず」と言明し、その後の閣議でも派兵が決定された（同右）。この日の声明で今回の衝突を「北支事変」とする旨が発表されたが、こうした名称にも「北支で抑える」との意図は反映されている。

ただ、この段階でも、まだ派兵は実行されなかった。戦争指導課の高嶋辰彦少佐は十一日の日記に「やや無名《むめい》の師《し》にあらざるやを憂《うれ》う。ただ在北支の日本軍の危急をそのまま座視するに忍びざるを主要なる出兵動機となすものの如し」と派兵についての懸念を記している（高嶋辰彦「高嶋辰彦陸軍少将日記　1／4」）。

つまり、「現地軍のために備える」という理由で派兵を決定したものの、その理由ですら関東軍と朝鮮軍から兵を増加し、さらに内地から三個師団を動かすのは「無名の師」、つまり大義名分のない戦争に近いのではないかと懸念されたのである。ここに至っても作戦部は分裂していた。

武藤ら拡大派を支えていた中国認識は、基本的に楽観論だった。彼らを「拡大派」とは言うものの、その「拡大」はあくまで「事変利用論」とでも呼ぶべきもので、迅速に軍を送り込めばすぐカタをつけられる、というものだ。武藤は河辺虎四郎に対して「面白くなると思うが、後のごた〳〵は君の主任だからしっかり頼むぜ」と述べている（小林他『現代史資料(12) 日中戦争(四)』）。

現代から見ると、こうした見通しはいかにも甘く、武藤らの不見識を非難したくなる気もする。しかし、河辺自身はこの点をあまり責めてはいない。


之《これ》は私が主任課長であったので武藤大佐の見当外れを笑うのでありません。当時そういう風に大抵《たいてい》は之で済むだろうと考えて居《お》ったものが多くあったのであります。

（小林他『現代史資料(12) 日中戦争(四)』）


つまり陸軍中央の幕僚たちの多くが、事態を楽観視していたのである。ただし、武藤の地位は参謀本部のなかでもとりわけ重要で、積極的に強硬論の先頭に立った感は否めない。武藤の性格、能力からしても付和雷同して強硬論者になったのではなく、その主唱者の一人であったと言えるだろう。戦線の拡大については、少なくない責任があると言える。

石原莞爾との対立

七月十一日に決定された派兵が、実際に行われたのは二十七日だった。

石原莞爾の基本認識は戦争指導課と同じ、と言うよりは、戦争指導課のメンバーが創設者の石原と同じ認識だったと言うべきだが、本来は派兵すべきではない、という考え方だった。そのためか、武藤らに動かされてしまう石原に対して河辺虎四郎が腹を立てることもあった。石原が河辺の部屋に来た際、河辺は石原の発言が気に触《さわ》ったようで、

「部長は私に対しては、私の課の意見を全面的にいれるようにいわれながら、自室に帰られては、第三課の要請意見を大体そのままとって、どんどん応急増兵や内地の動員準備を進めておられる。私は部長の真意がわからぬ」（河辺『河辺虎四郎回想録』）

と「語気を強めて」述べた。

対して、石原は国民政府の中央軍が北上していることを説明し、さらには、その場にあった地図を突きつけて、「この配置を見よ。貴公の兄貴の旅団が全滅するのをおれが見送ってよいと思うか！」と「叱りつけるように」言ったという（同右）。「貴公の兄」とは、当時支那駐屯軍にいた河辺正三《まさかず》を指す。

戦争指導課の高嶋辰彦の日記には、七月十六日の項に「午後石原部長又《また》動員論を唱え第二課にて相当の激論あり」と記されているが（高嶋「高嶋辰彦陸軍少将日記 1／4」）、恐らく前述の河辺との論争だろう。石原は、理念的には戦争指導課と同じであっても、作戦課の武藤らの唱える「駐屯軍の危急」という考え方に押されていたと言えよう。

しかし、基本理念が一致していない武藤と石原の間の疎隔《そかく》はより激しく、次第に抜き差しならないものになっていった。

七月二十二日のことになるが、作戦課の今岡豊が部長室の前を通りかかった。すると突然、なかから怒鳴り声が響いてくる。夏だったので部屋の扉は開いており、簾《すだれ》と屏風《びょうぶ》で仕切られているので姿はわからないものの、声が武藤と石原のものであることはわかった。今岡が立ち止まって聞いていると、「君がやめるか僕がやめるか、どっちかだ」という言葉まで聞こえたという（今岡『石原莞爾の悲劇』）。

田中新一も、武藤から石原とのこの日のやりとりを聞いている。それによると、武藤は次のように説明したという。

「石原部長の考《かんがえ》は猫の目のように変転して全く摑《つか》まえどころがない、今日も論争の末〝君やめたまえ〟（職を退けの意）といったから、暫《しば》らく部長の顔を凝視《ぎょうし》してからアハハハと笑って帰ってきた、部長のように夢みたいなことを考えていては時局は益々《ますます》深みにはいるばかりだ、おれは現実的に効果的に当面の事態を処理するのだ」

（田中「支那事変記録　其の一」）

田中によれば、武藤は石原の考え方を「夢みたいな」と批判しているが、この点がまさしく石原─戦争指導課のラインと武藤の対立点だった。

たとえば、高嶋が「北支事変指導要綱案」を作成して武藤にも了解を求めに来た際、武藤は「こんな抽象論が何になるんだ」と怒鳴って原稿を引き裂いたことがある（今岡『石原莞爾の悲劇』）。この模様を近くで見ていた今岡は、「推測」としながらも、

武藤大佐はこれまでも第二課の起案するものが、多くは抽象論であって実行案ではない。しかも作戦用兵はこちらの主務であるのに、第二課がそれに干渉容喙《ようかい》して作戦を制肘《せいちゅう》するのは怪《け》しからんと平素から思っていたので、たまたま虫の居所《いどころ》が悪くて爆発したものではないかと思われる。（今岡『石原莞爾の悲劇』）

と、武藤の怒りのもとを記述している。今岡は、さらに両者の性格の違いについても言及している。

武藤と高嶋は二・二六事件の前後は、ともに陸軍省軍事課で勤務した仲で、お互いに相扶《あいたす》け合って軍政の処理に当たった仲であるが、性格は武藤の実務型であるのに対し

て、高嶋は理想型で幾分《いくぶん》神がかった所があるといわれていたので、両者はともに陸軍の俊英でありながら、肌が合わなかったのであろう。（同右）

今岡が指摘しているのは、武藤と高嶋の性格的な食い違いにすぎないが、武藤が「夢みたいなこと」と呼んだ石原の考え方にやはり通じるものがある。

続発する事件

前述の通り、内地師団の派兵が決定され、公《おおやけ》に声明が出されてから実際に動員が行われるまでには二週間以上の期間があった。この間、現地では日本側の神経を刺激する事件がいくつか起こっている。

まず七月十七日、蔣介石による廬山《ろざん》声明が出される。同声明は、全国民に対して「民族に対する義務の遂行」を要請した、対日強硬宣言だった。

二十五日、北平と天津の間にある廊坊《ろうぼう》で、電話線の修理に来ていた日本軍部隊が中国兵に攻撃を受けて、小競《こぜ》り合《あ》いに発展した（廊坊事件）。

翌二十六日には、北平でも事件が起きる。支那駐屯軍の一部が北平城の広安門《こうあんもん》を通過中に突如、城壁の中国軍から攻撃を受けたのである（広安門事件）。入場は事前に冀察政権側にも了解を得ていたものであるが、中国側の態度も硬化していた。

広安門事件は、石原莞爾にとうとう「派兵」の決断をさせることになった。二十七日午前一時、部長室に寝台を持ち込んで寝泊まりしていた石原は、同じく課長室に寝泊まりしていた田中新一のもとへ電話をかけた。

〝もう内地師団を動員する外《ほか》ない、遷延《せんえん》は一切の破滅だ、至急処置してくれ〟

（田中新一「日華事変拡大か不拡大か」）

そして二十七日、ついに内地三個師団の動員案は上奏、裁可された。同日午後一時、石原は武藤と共に海軍の嶋田繁太郎《しまだしげたろう》軍令部次長を訪ね、「今後の御協力と御指導を仰《あおぎ》たし」と連携を申し入れている（軍事史学会他『海軍大将嶋田繁太郎備忘録・日記Ⅰ』）。

以降、事変は次々と拡大していく。八月九日になると、今度は上海で海軍陸戦隊の大山《おおやま》勇夫《いさお》中尉と斉藤與蔵《さいとうよぞう》一等水兵が殺害され（大山事件）、十四日には上海にあった第三艦隊の巡洋艦出雲《いずも》が中国側に爆撃される事態となった。

大山中尉らの殺害は、戦争指導課の高嶋辰彦に「戦局拡大のやむなき状況となる」（高嶋「高嶋辰彦陸軍少将日記　1／4」）とあきらめのような言葉を吐かせるような事件であったが、実際に上海の陸戦隊（四〇〇〇人）では居留民保護の任務が覚束ないとして、陸軍の派兵を要請する事態となった。戦争指導課が記録していた「北支事変業務日誌」の八月十日の項には、

一時《いちじ》海軍即時出兵の気運動きたるも陸軍の準備も整わざるを以《もつ》て今回は一応局地解決の方針を持《じ》し陸軍は所要師団（11D　14D等ならん）動員下令の準備に手を打つことゝなれり。

（参謀本部第二課「北支事変業務日誌」）

とある。こうして、八月十三日の閣議では、さらに上海への二個師団増派が決定された。

さらに十四日の第三艦隊への爆撃は、特にこれまで派兵に慎重だった米内光政海相の態度

を急変させる。十四日午前十時半から開かれた閣議では、もっとも強硬論を唱えたのが米内であった。

海相より上海の事態を説明し、斯《か》くなる上は事態不拡大主義は消滅し、北支事変は日支事変となりたりとし、三省当局にて立案しありし政府声明に手を入れ可決。外相広田〔弘毅〕は依然不拡大の考えを述べ、声明も必要なしと述べ、海相之《これ》を論駁《ろんばく》し、外相より国防方針を承《うけたまわ》り度《たし》と云《い》い、海相は国防方針は当面の敵を速《すみやか》に撃滅するに在《あ》りと。蔵相は経費の点より渋《しぶ》りありたり。海相より陸相へ日支全面作戦となりし上は南京《ナンキン》を打つが当然なり、兵力行使上のことはあらんも主義として斯くあらずやと云い、陸相は参謀本部と良く話すべきも、対蘇《ソ》〔連〕の考慮もあり多数兵力は用い得ず、実施し得ざることは主義としても認め得ずと。

（軍事史学会他『海軍大将嶋田繁太郎備忘録・日記Ⅰ』）

米内は北支事変はすでに全面戦争に発展したと断言し、陸相の杉山元ですら考えていない首都（南京）攻撃まで言及している。
そして翌十五日、海軍航空部隊による南京への爆撃が行われた。

全面戦争へ

陸軍の派兵に関して積極的に動いていた武藤であったが、海軍の要請による上海への派兵と戦闘に関しては、次のような見方をしていた。

私は状況を判断して上海附近の支那軍を、現在の如く正面よりのみ力攻《ちからぜめ》しても、上海と云《い》う国際都市に妨げられて、国際紛争を惹起《じやっき》するばかりであるから、杭州湾《こうしゅうわん》に一軍を上陸せしめ、背後から支那軍を脅威し、一挙に撃攘《げきじょう》するがよいと上司に意見を具申した。
（武藤『比島から巣鴨へ』）

上海が「国際都市」であることから、正面からこれを攻めて外交問題になることを避けようとしたのである。

上海への出兵に関しては、海軍の軍令部員が参謀本部へ相談に来た際、石原莞爾は「上海の現況では陸軍の上陸はとてもできない」と言って、海軍側を驚かせている（井本『支那事変作戦日誌』）。ただし井本は、石原は上海への派兵は消極的だったものの、やるとなれば揚子江岸に上陸せざるを得ず、そうなると戦線はさらに広がって二個師団では済まなくなるので、海軍側に「少し協力的な努力をさせようという狙い」があったのではないか、と推察している（同右）。この時、武藤はその場で、

「海軍は今まで陸軍の大陸政策には必要な援助を与えるという態度であったが、今やそんなことを云《い》ってはおれない。陸海軍一致協力して当面の敵に徹底的打撃を与えなければ、事変は片付かない」　（井本『支那事変作戦日誌』）

と述べている。武藤の発言にも、多少海軍の要請に応《こた》えて、という含意があるだろう。

ちなみに、石原は上海出兵に関しては、昭和十四（一九三九）年に竹田宮恒徳王の聴取に対して「上海出兵は海軍が陸軍を引摺《ひきず》って行ったものと云《い》っても差支《さしつか》えない」と答えて

おり（臼井勝美・稲葉正夫編『現代史資料⑼　日中戦争㈡』）、北支への派兵とは違った様相であることを強調している。

八月十四日、上海派遣軍の司令官として、松井石根大将が決定した。同日、重病の今井清参謀次長の代わりに、今井の陸士同期生で香川県・善通寺《ぜんつうじ》の第一一師団長を務めていた多田駿《ただはやお》が後任の参謀次長となることも決まった。多田は石原や戦争指導課と思想的に近く、石原以上に、戦線拡大を抑えるべく奮闘する（拙著『多田駿伝』）。

さて、武藤が主張する杭州湾への上陸作戦だが、当初は反対が多かったらしい。

この案は杭州湾の潮流や上陸後の地形等から反対が多かった。殊《こと》に松井大将初《はじ》め上海派遣軍から強固なる反対が表明された。然《しか》し参謀本部の上司は、もしこれに充《あ》てる兵力の算段がつけば、同意されるであろうとの気分が察知された。

（武藤『比島から巣鴨へ』）

武藤は自ら北支に赴き、盧溝橋事件後に新設された北支那方面軍（司令官・寺内寿一大将）

から一個師団半の兵力を抽出することに成功した。さらに、内地にある二個師団も使用することにし、三個師団半で一軍（第一〇軍）を編成する案を立て、採用された（同右）。

このように武藤は、作戦立案や軍編成など作戦課長として存分に働いていたのだが、やがて上海派遣軍の上に設置される中支那方面軍の参謀副長として中央を離れることになる。日本にとって歴史的に重要な期間に、参謀本部作戦課長の職を担った武藤であるが、期間としては関東軍参謀より短く、わずか半年間にすぎなかった。

参謀本部の改変

石原莞爾は昭和十二（一九三七）年九月二十七日、関東軍参謀副長へと転出し、それまで第四（戦史）部長だった下村定《しもむらさだむ》（最後の陸軍大臣）が作戦部長となった。武藤は十月二十六日に「出張」の形で上海派遣軍へと赴くことになり、作戦課長の職は河辺虎四郎が兼務することになった（参謀本部第二課「北支事変業務日誌」）。そのため、わずか一カ月ではあるが、武藤は下村のもとで仕事をすることになった。

結局、石原のもとで参謀本部の中心は大きく二つに割れ、石原自身も対処に苦慮することとなった。この状況は武藤にとっても中国との戦いを遂行する上で大きな懸念となっていたようで、九月六日、編制班に命じて「参謀本部機構改正案」を作らせている。

これは戦争指導課を班に格下げし、作戦班と合一させて新第二課（戦争指導班を下に置いた作戦課）をつくる、編制、動員の二班を合わせて新第三課とする、というものだった（武藤・上法『軍務局長　武藤章回想録』）。今岡豊によれば、武藤の狙いは次のようなものだった。

石原少将が苦心して新設した戦争指導課を独立した課としないで班に格下げすることによって、戦争指導と作戦指導を一人の課長の下に調整しようというのである。

（武藤・上法『軍務局長　武藤章回想録』）

もちろん、戦争指導課はこれに反対した。「北支事変業務日誌」には、その主な理由が四つ挙げられている。

一、戦争指導的任務は政府の現状に鑑《かんが》み統帥部に於《お》いて相当重大なること（総動員庁、

総動員法規等さっぱり進まず）
二、情勢判断を第二部が有《ゆう》すれば結局対外的問題を加味せる大局の決裁は一々《いちいち》次長に仰《あお》がざるべからざることとなること
三、作戦課長は対外情勢等に煩《わずら》わさるゝことなく作戦に専念し得ること必要なり
四、戦争指導と作戦との意見相当に対立するとき各々《おのおの》一課を為《な》すを有利とすること
（参謀本部第二課「北支事変業務日誌」）

四、の意見対立という理由など、まさしくそのために武藤が二つの課を合一しようとした理由だろう。「対立するとき各々一課を為す」のがいいという言い分は、戦争指導課内部向け以外には考えられない。皮肉な話ではあるが、武藤が狙った「戦争指導と作戦指導を一人の課長の下に」置く案は、武藤が大陸へと出征し、河辺が作戦課長を兼ねる形で実現した。

ただし、それも束《つか》の間《ま》のことで、十一月になると武藤の希望通り、戦争指導課は班に格下げとなり、今度は第二課となった作戦課の下に付くことになった。以後、戦争指導課は

参謀次長直属の班になったり、第一五課として再び格上げされたり、また次長直属の班になるなどの紆余《うよ》曲折《きょくせつ》を経て敗戦に至る。

結局、戦争指導課は、石原の「総力戦に備える」という目的を果たす組織にはなり得ず、かといって、武藤が戦争指導課を吸収した「新作戦課」を率いることもなかったのである。

なぜ拡大したのか

石原莞爾は、作戦部長時代を次のように回想している。

参謀本部に於《お》ける石原第一部長としての統制力は甚《はなは》だ不充分で、私の第二課長時代は考えの筋も通って居《い》ると思って居《お》りましたが其《そ》れが第一部長になってからの統制力は微弱でありまして、当時私は知りませんでしたが部下の内にも相当に反対のものが居た様《よう》で此点《このてん》全く私の至らぬ為《ため》と真に責任を感じて居ります。

（臼井・稲葉『現代史資料(9) 日中戦争(二)』）

盧溝橋事件への対応をめぐる作戦部内の混迷を考えると、確かに石原の「統制力不足」の感は否めない。これまで見てきたように、石原の下の武藤と河辺の意見は割れていた。石原自身も派兵には慎重であり、河辺の意見を採用していれば最終的な派兵は避けられたかもしれない。

しかし、石原は両者の板挟みになりながらも現実の必要性、つまりもし本格的な戦闘になった場合、支那駐屯軍だけでは対応できないという意見に押され、派兵を決断した。石原自身も作戦課と戦争指導課の対立を悔やんでいたようで、

例《たと》えば武藤〔章〕少将は仲々《なかなか》多方面の人でありましたが、斯《こ》う云《い》う人が作戦課長で下村〔定〕閣下が第一部長であった時は、作戦課・戦争〔指導〕課の二つが無かった方が良いのではないかと思うのであります。　（同右）

と述べている。

もう一つ気になるのは、石原がこの段階（聴取が行われた昭和十四年）になっても武藤に

対して悪い評価をしていたわけではないことだ。「君がやめるか僕がやめるか」とまで揉めた武藤と石原ではあるが、やはり武藤の能力に関しては買わざるを得なかった、ということだろうか。

結論から言えば、石原が当初の考え通りに事変不拡大を貫き、派兵を行わなければ、日中全面戦争には至らなかったのかもしれない。先の見通しに関しては、武藤より石原のほうが優れていた。

しかし、支那駐屯軍、居留民、日本の権益が脅威に晒《さら》されているなか、未来のことがわからない以上、眼前の危機的状況を救う意見のほうが説得力も勢いもあり、結局、石原もそれに流されてしまった、と言えるかもしれない。

参謀総長が皇族、参謀次長は病気で重体となれば、作戦部長である石原が実質的な最終決裁者にならざるを得ない。関東軍時代は一《いち》参謀の身でありながら満洲事変を主導し、二・二六事件後は大命降下した宇垣一成《うかきかずしげ》（予備役大将）の組閣を潰すなど（詳しい経緯は拙著『最後の参謀総長　梅津美治郎』参照）、我が道を行くかのように見えた石原莞爾。しかし、彼自身が重い責任を伴う地位に立った時、かつてのような振る舞いはできなかったのである。

いっぽうで武藤は、中国での戦線拡大と行《こう》を共にするかのように、しばらくの間、中央の職務を離れ、実際に敵と戦う軍の参謀としてその知能を振り絞ることになる。そこには、武藤が東京で想像していたのとは異なる現実があった。

第四章

軍務局長(1) 新体制運動

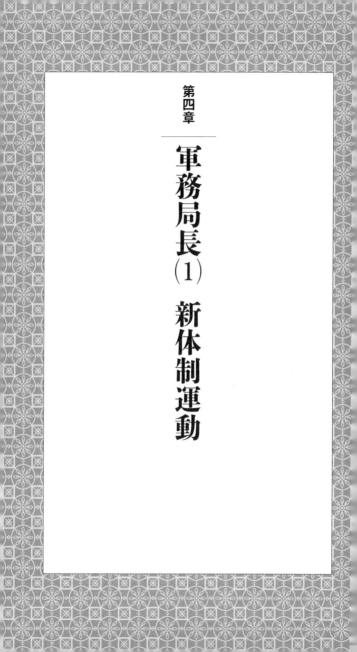

傲慢不遜

陸軍中央を離れた武藤は昭和十二（一九三七）年十一月、上海派遣軍と第一〇軍を統括するために設置された中支那方面軍の参謀副長として、戦地に赴いた。司令官は上海派遣軍の松井石根大将が兼任、参謀長は塚田《つかだ》攻《おさむ》少将である。

武藤は参謀副長として南京の攻略まで経験し、昭和十三（一九三八）年七月には北支方面軍の参謀副長へと移る。司令官はかつて軍事課高級課員として仕《つか》えた寺内寿一大将、参謀長は山下奉文中将である。武藤はのちの太平洋戦争時にも近衛第二師団長として寺内（南方軍総司令官）の下に入り、軍歴の最後は第一四方面軍司令官の山下の下で参謀長となる。

中国戦線には翌年九月までいることになるが、三月には少将に進級している。武藤にとって、この進級は必ずしも喜びばかりではなく、「私は多年念願していた聯隊長になれないで、遂《つい》に将官になってしまった」と回想している（武藤『比島から巣鴨へ』）。

この時に限らず、武藤は後年師団長になるまで部隊長になったことがない。それだけ参謀、軍官僚としての手腕が買われていたということかもしれないが、軍人になった以上はやはり部隊を率いてみたいという希望はあったのだろう。

中支那方面軍参謀副長

昭和13(1938)年頃、陸軍大佐時　(宮田家所蔵)

中国戦線の武藤についても、彼らしいエピソードが残されている。昭和十三年一月、武藤の友人である矢次一夫が朝鮮、満洲、中国を旅行した際、海軍大佐の岡新《おかあらた》と共に上海の武藤を訪ねた時のことだ。

初対面の岡大佐は、武藤が談論風発し、ときに作戦上のことから海軍のとった処置を冷笑するような語気を示したのに対しても、終始微笑をふくみ、腕を組んだまま冷然としていたが、このとき、私が武藤の後方壁間《へきかん》にぶら下げられていた色紙に眼を止め、あれは何だ、と聞いたのに、武藤が、俺の漫画だよ、面白いだろう、と見せてくれた。見ると、近藤日出造《こんどうひでぞう》だったか、岡本一平《おかもといっぺい》だったか、いまは覚えぬが、どちらかが司令部を訪ねたとき、たまたま塚田〔攻〕参謀長と、武藤とが同席してたという。そこで塚田と武藤と二人の似顔を書いたそうだが、書き終わるや否や、武藤が塚田の分を手許《てもと》に引き寄せ讃《さん》をしてやろう、と筆を取って、塚田の似顔の横に、「頑迷不霊《がんめいふれい》〔頑固《がんこ》で無知なこと〕」と書いた。塚田がこれを見て烈火《れっか》の如く怒り、それじゃ貴様《きさま》は何だ、と卓を叩《たた》くのに、武藤は少しも騒がず、やおら自分の似顔の上に「傲慢不遜《ごうまんふそん》〔驕《おご》り高ぶり遜《へりくだ》ることがないこと〕」と書いたので、さすがの塚田も呆気《あっけ》にとられ、唖然《あぜん》としたというのだが、武藤からこの話を聞かされた私は、その稚気《ちき》満々ぶりに思わず失笑して、傲慢不遜とは自らを知るものだな、といったら、それまで冷然としていた岡大佐が吹き出してしまった。（矢次一夫『昭和動乱私史　上』）

武藤本人も、自分が周囲にどのように思われていたのか、気づいていたようだ。

打ち砕かれた楽観

中国との戦争は当初の北支事変から支那事変へと変わり、それでも「戦争」とは呼ばれなかった。しかし、「事変」が実質的に戦争になっていたのは明らかであり、日本は予想外の長期戦を強いられることになった。

上海派遣軍と第一〇軍が首都である南京を目指せば、蔣介石は重慶《じゅうけい》に遷都して抗戦を続けた。上海戦が一段落したあとに中支那方面軍を訪れた河辺虎四郎によれば、武藤は「南京を取ったら蔣介石は手をあげる」と言い張り、さらに「おれは凱旋《がいせん》の際は東京駅から自動車ではなく、馬車で参内するんだ……」などと冗談を言っていたという（河辺『河辺虎四郎回想録』）。上海から南京までも相当苦戦があったはずであるが、それでも、首都を陥《お》とせば、との思いがあったのだろう。

しかし、武藤の楽観もずっと続いたわけではない。武藤いわく、「軍隊の配置は単に鉄道や主要道路のみ」であり、「一歩奥地に入ると重慶軍のゲリラや共産軍の手にあって、日本軍の勢力は面として北支を制しているわけではなかった」（武藤『比島から巣鴨へ』）。それでも、北支方面は「だんだん討伐の効果は上《あが》って来た」（同右）が、日本軍の戦闘地域全体におよんでいたわけではない。

昭和十三（一九三八）年十二月に北支方面軍の司令官は寺内寿一から杉山元に交代したが、東京に戻った寺内に対し、武藤は手紙を送っている（昭和十四年二月二日付）。そのなかで、武藤は北支の治安工作について「計画通り着々進捗《しんちょく》いたし予定通り五月迄《まで》には一応の安定を得る事と確信仕《つかまつ》り居《お》り候《そうろう》」と述べている（寺内寿一宛武藤章書簡）。

しかし、漢口、上海、南京などを視察した際は事情が異なり、中支の安定確保は「遼遠《りょうえん》の感有之申候《これありもうしそうろう》」と記している（同右）。武藤は二年間の中国勤務で現地の人々が「如何《いか》に抗日排日一色に塗《ぬ》りつぶされていたかは一驚《いっきょう》に価《あたい》した」（武藤『比島から巣鴨へ』）と述べ、その原因を記している。

この思想は学校教育や新生活運動の賚《たまもの》であろう。然《しか》しこれらの教育や運動がどうしてかくも速《すみや》かに民族意識にまで上向したか、私は蔣介石を中心とする国民政府や延安《えんあん》共産政府の政治の力であると思う。殊《こと》に逐次《ちくじ》侵入して来る日本を目の前に置いての教育、運動及び政治が一体となって、活溌溌地《かつぱつはつち》にその用を顕現《けんげん》する時、流石《さすが》の支那人も個人主義万能から民族主義に発展したものと思われる。（武藤『比島から巣鴨へ』）

また情報主任参謀の石井秋穂《いしいあきほ》（のちに軍務局で武藤の片腕となる）は、昭和十四（一九三九）年の新年に、武藤に従って中支に視察に訪れたことがあった。この時、武昌《ぶしょう》の郊外にある武漢《ぶかん》大学を訪れた武藤は見事な施設に感嘆し、

「あー、よい時に戦《いく》さを始めた。もう十年遅かったらみろ。ひどい目にあったぞ」
（武藤・上法『軍務局長　武藤章回想録』）

と、述べていたという。つまり、一〇年遅ければ中国の国力はさらに充実し、日本はより困難な戦いを強《し》いられたであろうから、自分の判断は正しかった、ということになる。

いっぽうで、

「どうだろうかね。いくらやってもダメというなら国としても考え直さなければなる

まいがのう……」（同右）

とも述べていたという。一見矛盾する発言だが、自分の判断の正しさを強調するいっぽう、実際には戦争になかなかカタがつかないことへの焦《あせ》りのようなものも見せている。武藤は予想外に長期化した「事変」の終わりを見ないまま、今度は軍政における幕僚として中央に戻ってくるのである。

軍務局長就任

武藤が軍務局長に就任したのは昭和十四（一九三九）年九月のことであるが、当時の首相は近衛文麿から数えて二代目、陸軍大将の阿部信行《あべのぶゆき》だった。武藤が直接仕えることになる陸軍大臣は畑俊六《はたしゅんろく》である。軍務局長として上京する車中、武藤はしきりに近衛声明（国民政府を対手《あいて》とせず）を罵《ののし》っていたという（松村秀逸『三宅坂』）。

阿部信行を総理に推薦したのは陸軍だった。そうはいっても積極的に阿部を推《お》していたわけではないようで、「割に色がない」「無難な人」という理由だったらしい（西浦進『昭和陸軍秘録』)。

阿部内閣はわずか半年未満の短命に終わるが、この内閣でも武藤は「陸軍の政治幕僚」としての活動をこなしている。阿部内閣が内閣強化のために立憲民政党の総裁・町田忠治《まちだちゅうじ》に入閣を依頼した際、畑陸相の代理で町田を説得に行ったのは武藤であった。

陸軍よりも一応《いちおう》町田を説得ありたき旨《むね》希望ありたるを以《もつ》て、不取敢《とりあえず》余より町田に電話を以て入閣を大所高所より観《み》て希望し、陸軍の熱望する処《ところ》なりとて通じ置き、更《さら》に夕七時より武藤[章]軍務局長を余の代理として町田を訪問せしめたるが、武藤は諄々《じゅんじゅん》として二時間に亘《わた》り町田を説きたるが、町田は軍の好意を謝《しゃ》したるが総理同様明朝返答すべき旨答えたり。(畑俊六著、伊藤隆・照沼康孝編『続・現代史資料(4) 陸軍 畑俊六日誌』)

町田は結局、阿部に対しても、閣外協力を約束するのみで入閣は拒否した(同右)。政治に対する軍部の影響力増加についてはよく言及されるが、武藤が「諄々として」説き、それでも町田が入閣を拒否したあたりを見ると、政党がそれなりの存在感を示していたことがわかる。

武藤が軍務局長に就任する一ヵ月ほど前、ナチス・ドイツによるポーランド侵略が始まった。イギリスとフランスはこれに対して宣戦を布告し、とうとう第二次世界大戦が始まったのである。阿部内閣は長引く日中戦争の解決を目指しながら、こうした世界の大きな変動にも対処しなければならなかった。

前述の、町田総裁の入閣工作は、武藤が局長に就任して最初に任された大きな仕事だったが、武藤自身もこれを必要なこととして認識していた。


又《また》私の考えでは数代の内閣が所謂《いわゆる》超然内閣として政党的後拠勢力を持たない結果、確固たる自信なく、支那事変解決にも、国内態勢の強化にも何等《なんら》見るべき積極的政策を遂行し得なかった事実に鑑《かんが》み、是非とも強力政党を背景に持つ必要があるとの意見を持《じ》していた。それには政党の首領が入閣せぬ限り、政党内のお都合人事による入閣では、政党として責任をもたぬので意味をなさぬと信じていた。以上の見地から私は阿部総理の決断に個人的にも同意し、熱心に町田総裁を説いた次第であった。

（武藤『比島から巣鴨へ』）

武藤は、「支那事変解決」と「国内態勢の強化」のためには政党の党首が責任を持って政府に参加する必要があると考えていたのである。しかし武藤はこの交渉に失敗、しかも新聞記事にその事実をすっぱ抜かれてしまう。

その頃、故郷への墓参り休暇から帰った軍務課長の有末精三が出勤すると、そこには「大不機嫌の」武藤の姿があり、「この忙しい時にノコノコ墓参旅行とは何事ダ！　民政党の奴怪《け》しからぬ、阿部内閣など問題にならぬ」と言ったという（有末精三『政治と軍事と人事』）。有末は事前に武藤に了解を取っての休暇であるから、武藤がこのように述べたとすれば紛《まぎ》れもなく八つ当たりである。

ともかく武藤は、阿部内閣そのものにも見切りをつけたのであった。

なぜ激怒したのか

それにしても、なぜ武藤はこれほどまで怒ったのだろうか。それには、すこし込み入った事情がある。有末精三によれば、そもそも組閣の前に、陸軍次官・山脇正隆《やまわきまさたか》、軍務局長・町尻量基《まちじりかずもと》、軍務課長・有末精三が集まり、陸軍が望む後継首班についての打ち合わせが行われた。

一、〔日独伊〕三国同盟に関係した平沼《ひらぬま》〔騏一郎《きいちろう》〕首相の留任はもとより、これに賛否（賛成は拓相小磯国昭《こいそくにあき》氏、反対は米内〔光政〕海相、荒木〔貞夫〕文相等）各位の登場を避ける。

二、陸軍としては新内閣成立の結果、軍内派閥抗争を再現させることは絶対に避けたい。

（有末『政治と軍事と人事』）

この二つの方針を、山脇から陸相の板垣征四郎に伝え、陸軍からの候補者として「国際情勢の認識も深く、学識徳望についても申し分のない」阿部信行が選ばれたという（同右）。ただし、有末は一《いち》軍務課長の身でありながら内閣の人選に相当口を入れていたようで、総理の奏薦《そうせん》役である西園寺公望の秘書、原田熊男に「総理の側近の事情が非常に悪い。これはどうも有末に禍《わざわ》いされたのである」「有末がいかにもこの内閣は自分が作ったとでもいうように総理に私恩を売りつけるような態度」などと言われるほどで（原田『西園寺公と政局 第八巻』）、評判が悪かった。

具体的には、阿部内閣の書記官長が有末の知人の遠藤柳作《えんどうりゅうさく》（元・満洲国総務長官）という人物で、これが有末の推薦によって阿部内閣に入っていた。

当時軍事課高級課員だった西浦進によれば、佐官級のなかには政治に相当興味を持つ者がおり、彼らは「あまり本務に熱心でない」軍人で、阿部内閣ができた時は「軍務課も大《だい》分《ぶ》このような空気に支配されていた」という（西浦『昭和戦争史の証言』）。そして、有末とその下の富田直亮《とみたなおすけ》については「出足は早いが軽率の謗《そしり》も免《まぬ》がれなかった」と評している（同右）。

武藤による町田忠治（立憲民政党総裁）説得の経緯は、さらにややこしい。簡単にまとめると、阿部信行内閣には民政党から永井柳太郎《ながいりゅうたろう》が鉄道大臣として入閣していたが、民政党はもともとこれに反対していた。それを、有末と共に組閣工作に携わっていた矢次一夫が関与して、一本釣りのような形で入閣させたという（矢次『昭和動乱私史 中』）。

民政党はこれでメンツを潰された形になったわけだが、これを挽回しようと図った手段が町田の入閣工作だという。矢次によれば、民政党の大麻唯男《おおあさただお》が内閣側、軍部から町田を説けば入閣するかもしれないという期待を持たせる言い方で話を持ちかけ、これを受けた畑俊六陸相が武藤を代理として町田のもとへ向かわせる。そのうえで期待に反して頭を下げた軍部の要請を拒否する、という仕返しだったという（同右）。

当時の武藤は二年間、大陸の戦争に従事しており、国内の事情には疎《うと》かっただろう。そこへ来て、軍の中堅層が必要以上に関与した阿部内閣強化の手伝いをするはめになり、肩《かた》透《す》かしを食ったわけである。

矢次自身は大麻の策謀に感づいていたというが、武藤には忠告をしなかった。それを事《こと》が終わったあとに武藤に話すと、「それほど、初《はじ》めから何も彼《か》もわかっていたのなら、なぜ昨日会ったとき、一言注意してくれんのだ。ひどいじゃないか」と「喰いつくような激しさ」で怒鳴られるので、「一遍《いっぺん》くらい政界の濁流に溺《おぼ》れて見るのも、よい経験になるだろうと思ったんだよ」と返したという（同右）。

政治への関与

阿部信行内閣は昭和十五（一九四〇）年一月に総辞職し、後任は海軍大将・米内光政になった。一時、阿部の後任に再び陸軍軍人が取り沙汰され、特に陸相の畑俊六の名が挙がると、武藤の不安は募っていった。

私の当時の考《かんがえ》は、林〔銑十郎〕内閣と云《い》い阿部内閣と云い、陸軍出身の内閣はどうも成績が思わしくなく、又《また》実際政治に経験のない陸軍軍人が内閣を組織するのは無理だと思った。殊《こと》に現在の陸軍大臣畑大将が総理にでもなられたら、理屈はともかく、陸軍内閣と称せられることは必然である。然《しか》るに陸軍に果《はた》して陸軍内閣の採るべき確たる政策とこれを実行する成案があるかと云うに、私の知る限りに於《お》ては全然ない。尤《もっと》も観念論的な議論は聞かんでもないが、そんなものは責任ある内閣の政策として、直《ただ》ちに採り上げらるべき性質のものではない。現に軍務局長たる私が支那戻りの政治に無経験で何にも知らぬと来ている始末であるから、新聞に出て来る陸軍出身の候補者には冷々《ひやひや》させせられた。（武藤『比島から巣鴨へ』）

実際に、畑俊六に大命降下という説は新聞記者らの間でも一時、事実として信じられた。朝日新聞記者の細川隆元《ほそかわたかもと》（武藤と同じ熊本県出身、のち政治評論家）は、訪ねてきた大本営陸軍報道部長の松村秀逸に「畑説」が出ているかを聞かれ、次のように返答している。

「まだはっきりしたことは分《わか》らぬが、どうも畑になりはせぬかと思う。武藤のところには何かはっきりした情報はないか」

（細川隆元「実録朝日新聞㈦」）

これに対して、松村は、

「別に宮中方面からの情報はないが、万一《まんいち》そうなった場合は当然、軍務局長の武藤が実質上の組閣参謀を勤めねばならぬし、僕の立場としては大命降下の場合を予想して、下準備を始めようと思っている。武藤は今晩は家でコタツにあたって形勢を観望するといっていた。何しろ政治には素人《しろうと》だから大命が来たら困るネ、といっていたよ。ついては君一つ試案でいゝから、閣員の名簿を作ってみてくれないか」
（同右）

と答えた。軍務局は軍政の中枢とはいえ、大命降下のような重大事になると新聞記者に情報を仰がざるを得なかったのである。軍と政治のかかわりを考えるうえで考慮すべき証言であり、武藤の当惑も知ることができる。結局、米内が首相となることで、武藤の不安はひとまず払拭された。武藤は国策研究会主宰者の矢次一夫に「陸軍は挙げて現内閣を支援する方針だ」として、その理由を述べている。

これは米内に大命降下のとき、陸下が畑を召《め》されて、陸軍は米内、畑に協力するよう、とのお言葉を頂いており、陸軍として、多年の政治関与で陛下の御不興を蒙《こうむ》ってもいるから、深く自粛しなければならぬと考えたからである。……故《ゆえ》に私の力の及ぶ限り、陸軍内部から、反米内的言辞が出ることのないよう、努力するつもりだ、と言った。
（矢次「陸軍軍務局の支配者」）

ただし、米内内閣に対する態度とは別に、武藤はかなり政治的な動きにも関与していた。元内務官僚で企画院次長を務めた武部六蔵《たけべろくぞう》の日記（昭和十五年二月二日）には、武部の内務省の先輩で武藤とも親しかった湯沢三千男の発言が記録されている。

武部によると、湯沢はその「親軍的思想」から「畑大将系」の梅津美治郎関東軍司令官、東條英機航空総監兼航空本部長、武藤章軍務局長らを推《お》し立てて「陸軍の統制を取らしめ」、さらに米内内閣のあとには「陸軍が政局を担当するの外《ほか》なき事態を以《もつ》てその際に政策の持ち合せを作って置き度《た》き事《こと》」を述べたという（田浦雅徳・古川隆久・武部健一編『武部六蔵日記』）。さらに、武部の日記には、

軍（武藤以下の事ならん）では、青木《あおき》〔一男《かずお》企画院総裁、元大蔵官僚〕、湯沢、武部、ヤツギ〔矢次一夫〕の四人に秘密にその仕事を頼み度《た》き意向なる事《こと》。余《よ》に是非引受《ひきう》けられ度き事。此《こ》の仕事は表面は国策研究会の仕事の如き形を取り差支《さしつかえ》なき事。

（田浦他『武部六蔵日記』）

とある。つまり、武藤は青木らに対し、いずれ来るであろう「陸軍が政局を担当する」時に備えて、政策を作っておくことを依頼したのである。前述の武藤の回想にもある通り、彼は陸軍の政治への関与そのものではなく、「陸軍内閣の採るべき確たる政策とこれを実行する成案」がない段階での政治への関与を否定している。だからこそ、湯沢らにその政策を作ることを依頼したのであった。

武藤のこの動きは、近衛文麿を先頭とする新体制運動に密接にかかわっていた。

近衛文麿の担ぎ出し

近衛文麿を党首とする一国一党の運動は、第一次近衛内閣時代からあった。党首による独裁と、それを支える幕僚長を中心とした「大日本党」の構想はしかし、近衛本人が消極的となったため、近衛が内閣を退くと共に立ち消えとなった（伊藤隆『大政翼賛会への道』）。

この動きが形を変えて再び盛んになったのが、昭和十五（一九四〇）年であった。湯沢三千男が武部六蔵を訪ねて武藤の要望を伝えたちょうど同じ日、民政党代議士の斎藤隆夫《さいとうたかお》による、いわゆる反軍演説事件が起こる。この演説は、米内光政内閣による日中戦争の処理方針を批判したものであるが、武藤ら陸軍はこれを、聖戦の目的を侮辱するものと激怒し、斎藤は結局、除名処分となってしまう。

この出来事を機にして、親軍派の政治家（久原房之助《くはらふさのすけ》、有馬頼寧《ありまよりやす》、風見章《かざみあきら》ら）を中心として、新党の党首として近衛を担ぎ出す動きが始まる。

さらに、昭和十四（一九三九）年から始まっていた第二次世界大戦での戦闘が本格化し、翌年四月にナチス・ドイツがフランスを破って欧州を制覇する勢いを示すと、日本でも体制を強化し、かつ同盟を組むことで、国際的な困難を乗り切れるのではないか、という空気が出てきた（古川『近衛文麿』）。

武藤もまた、近衛が再び政権を担当することに期待をかける一人であった。武藤は昭和十五（一九四〇）年一月四日、年頭の祝辞において「今年はどうあっても支那事変を全面的に解決したい」と述べている（日本国際政治学会『太平洋戦争への道 開戦外交史 第四巻 日中戦争 下』）。武藤は、日中戦争の全面的解決のためには日本側も相当に譲歩することが必要であり、その時に巻き起こる国内の反発を抑えるために近衛の声望を必要としたのである（高杉洋平『昭和陸軍と政治』）。

昭和十五年六月二十五日の畑俊六の日記には、武藤と近衛の面談要旨が記載されており、そこには、「どうしても解決つかぬ時は兵力を撤退するという意なり」とある（畑他『続・現代史資料(4) 陸軍 畑俊六日誌』）。

「総合国策十カ年計画」

武藤が青木らに依頼した陸軍の政策は、「総合国策十カ年計画」として結実する。これは、矢次一夫や武藤の部下である軍事課長の岩畔豪雄《いわくろひでお》が陸軍だけでなく各省の官僚数十人を集め、昭和十五（一九四〇）年六月中旬に完成させた。

その冒頭にある「第一　基本国策」は次のようなものだった。

一　皇道《こうどう》を八紘《はっこう》に布《し》き民族共栄、万邦協和以《もっ》て人類福祉の増進、世界新文化の生成発展を期するは、肇国《ちょうこく》の理想にして我《わが》民族に課せられたる使命とす。

二　我国の最高国策は帝国を核心とし、日満支の強固なる結合を根幹とし、大東亜を包容する協同経済圏を建設し、以て国力の充実発展を期するに在《あ》り。

三　我協同経済圏の範囲は、東部シベリヤ、内外蒙古《もうこ》、満洲、支那、東南亜細亜《アジア》諸邦、印度《インド》及大洋州《たいようしゅう》とす。（防衛庁『戦史叢書　大本営陸軍部大東亜戦争開戦経緯〈1〉』）

これは、東部シベリアから東南アジアまでを「協同経済圏」として一つにしようとするものであり、必然的に日本を盟主とする新しい勢力圏を築こうとしていたと言える。

「第二　外交及《および》国防」の「一般方針」では、「我《わが》外交及《および》国防の基調は東亜新秩序の建設に在り」として「防共原則」の確立、「支那における白人の優越的支配権を排除」、「日満支結合の強化」などを謳《うた》っている。注目すべきは、「欧州戦争に対しては不介入方針を持《じ》しつつ、我《わが》国力発展に有利なるが如く施策すること」である。当時、第二次世界大戦のいっぽうの主役はナチス・ドイツであり、日本はそのドイツとイタリアを含めて防共協定を結んでいた。それでも、欧州の戦乱に巻き込まれることは阻止しようとしていたのである。

また、「対支施策」を見ると、「日支関係は一面《いちめん》戦争一面建設の状態に発展したる事実を認識し、我《わが》支対政策は既定の支那事変処理方針に則《のっと》るも、特に左の事項に付《つき》考慮するものとす」としており、戦争を継続するいっぽうで、新たに「親日政権」の樹立によって日中戦争解決を目指すことが挙げられている。

「対支施策」のなかの「重慶政権対策」、すなわち蔣介石・国民政府への対処として、

(1)重慶政権の早期崩壊若《も》しくは屈服を促進する施策を講ずること。

(2)我《わ》が対重慶施策の徹底的一元化を期すること。　(同右)

としており、さらに「事変処理に伴う対第三国政策」として、次のように記す。

(1)東《とう》亜《あ》新秩序《しんちつじょ》建設の根本原則に即《そく》して、列国の対支経済活動を容認し、特定の国家とは進んで協同工作を行うこと。

(2)帝国は在支活動に於《おい》て自律性を確立すると共に、第三国に対し帝国対支政策根本精神の理解協調に力《つと》むること。　(同右)

また、「対蘇《ソ》〔連〕政策」は「我《わ》が対蘇必勝の準備完了迄《まで》は開戦回避の方針を堅持」し、「対

米施策」は「我《わが》対米政策は現状以上に悪化するを防止するに努《つと》む」としつつ、「我国力の発展に依《よ》り対米依存経済を是正《ぜせい》するを要す」としている。

以下、「対英政策」「対独伊政策」と続くが、基本的にイギリスとの関係は急転を避け、ドイツ・イタリアとは従来の友好関係を維持する、とするに留まっている。

右に紹介したのはごく一部にすぎないが、『戦史叢書 大本営陸軍部大東亜戦争開戦経緯〈1〉』では「総合国策十カ年計画」の重点を次のように要約している。

一 大東亜共栄圏《だいとうあきょうえいけん》の建設を目標とする。但《ただ》しその表現は共同経済圏ということにする。

二 日、満、北支、蒙疆《もうきょう》を大和《やまと》民族の自衛的生活圏とする。

三 欧州戦争には不介入方針をとる。

四 支那事変処理は長期解決方式を採用し、日満支産業の開発に重点をおく。

五 対ソ戦争を不可避と見るが、その開戦時期は日本の軍備完整以後に引延《ひきの》ばし、それ迄《まで》戦争回避を方針とする。

六　対ソ外交は概《おおむ》ね現状のままとし、戦争突入を避けると共に、対ソ平和政策もとらない。

七　対米政策は、対米依存の経済を是正すると共に、両国国交を現状以上に悪化せしめないことを旨とする。対英政策はこれに準ずる。

八　対独伊政策は、同盟関係には入らず、従来の友好関係を持続する。（同右）

基本的に、対外的な摩擦を極力避けるという方針があったと言っていいだろう。「総合国策十カ年計画」は抽象化されて「総合国策基本要綱」となり、さらに第二次近衛内閣の「基本国策要綱」となる。しかし、武藤も協力した近衛新体制は、紆余曲折を経つつ、曖昧な形で決着してしまうのだった。

大政翼賛会の発足

米内光政内閣が昭和十五（一九四〇）年七月二十二日に総辞職すると（天皇への辞表奉呈は十六日）、後継の大命は近衛文麿に下った（米内内閣倒壊と武藤の関係については後述）。第二次近衛内閣である。米内内閣は二〇〇日に満たない短命内閣となったのだが、政権の途中から近衛新体制運動に便乗しようとする政党の動きが活発化した。

六月二十四日、枢密院《すうみついん》議長の近衛が「挙国体制」を推進するために議長辞職を発表すると、政友会や民政党など主要な政党は次々と解党を始める。

解党が始まる前の六月六日、政友会の久原房之助は米内に対して、政治新体制の確立と総辞職の要求などを含めた宣言を発しているが、その前に武藤には「私が政党を解消さして見せる。陸軍からは加勢もいらないが、反対も困る。中立で見ておって貰《もら》いたい」と述べていたようで、武藤も「思《おもい》切《き》ったことをする人だなァ」と「唖然」としていたという（松村『三宅坂』）。

かくして大政翼賛会《たいせいよくさんかい》の発足となるが、しかしこの団体は観念右翼や一部政治家から「幕府的存在」という批判を受けてしまう。この「幕府的存在」という批判には、武藤もかなり困っていたようで、新聞記者に「〝幕府的存在〟とは、うまいことをいやがるなあ」と「長大息《ちょうたいそく》」していたという（松岡英夫「首相官邸の五十年」）

結果として翼賛会は綱領すらなく、政治結社でもない妥協の産物と化してしまった。武藤もこれには失望し、「大いに憤慨した」(酒井三郎『昭和研究会』)。

武藤の考えでは、「政党と議会が新体制において中心的役割を果た」し、大政翼賛会は「一国一党」に近い強力政党でありながら、完全な「一国一党」ではない、というものだった(高杉『昭和陸軍と政治』)。

武藤は、八月二十一日に行われた陸軍省の局長会報(会議)において、軍は新体制運動については「熱意をもって」見守っていたが、「元来《がんらい》政治問題なりしをもって発言は一切差控《さしひか》え」ていたところ、内閣より「軍の意向を聞き度《たし》と熱望」があったので、まず富田健治書記官長に軍の希望を伝えたとしている。


軍は国防国家の完成するがためにはいよいよ挙国一致の体勢を堅持する要《よう》あるものと考えあり。然《しか》るに現在いたるところ相剋争斗の様相を帯《お》び個人といわず団体といわず、みな利己主義に徹し、己《おの》れの利益のみ考え、一君万民、国家奉公、公益無私の精神をみられず。何とかこれらが国家万民のために大同団結、大いに自粛の実を挙げねばならぬ重大の時期と思う。しかして、こうした方向に上下万民をたたきなおすためには何としても政治にたよる外《ほか》なし。とても一片の訓令通牒等で目的を達成することは出来ぬ。すなわちこれには単なる精神運動といった指導ではなく実践団体による強力な政治力を持つ組織を中心とする政治によらざるべからず。この組織を党となすことは差支《さしつか》えなし。

（波多野澄雄・茶谷誠一編『金原節三陸軍省業務日誌摘録 前編』）

ここで、武藤ははっきりと「単なる精神運動」ではなく、「強力な政治力を持つ組織」による政治の必要性に言及している。単なるスローガンではだめだということだ。武藤は、さらに続けて言う。

ただし、この党はいわゆる多数決主義なるものでなく指導者組織による強力な指導によるのでなくてはならぬ。こうして上意を速《すみや》かに適確に下達するとともに、下意を十分上達する機能を有《ゆう》するものならざるべからず。このために政治と議会との中間に一定の機関を設《もう》くる要《よう》あり。党の指導者は総理になりたるものがあたるが、指導者たるの故《ゆえ》をもって総理になるのではない。党の幹部は指導者これを任命す。将来は国会議員は大部分党員たるものが選ばれることになるが、始めに必《かな》らずしも党員たるを要せず。しかし党員たる議員は議会内において指導的位置をとるものとす。現役軍人は党員となることを避ける。在郷軍人は個人として入党を認めるが団体としては認められない。軍と政府との連絡を密《みつ》ならしむるため連絡協議会なるものを設置す。内閣のもの考えは窮極《きゅうきょく》のところ軍の目的するところと同様なるもなお紆余曲折あるべし。

（同右）

「党」が重要であり、政治家の大部分はこれに含まれるべしとしつつも、野党の存在を否定していない。さらに軍人の入党を認めず、在郷軍人も個人の資格でのみ入党を認めている。親軍党には違いないが、軍の影響力が露骨に及ぶことは避けようとしているのである。

〝政治家〟武藤章

第二次近衛文麿内閣の成立に際して、武藤の存在は大きなものだったようだ。近衛と親しく、当時、同盟通信社編集局長を務めていた松本重治《まつもとしげはる》は、組閣直後に矢次一夫を通して武藤に料亭に呼ばれた際のことを、次のように回想している。

> 案内された座敷には陸軍軍務局長の武藤章と、企画院の調査官で臨時物資調査局の計画課長で陸軍少佐（実際は大佐）の秋永月三《あきながつきぞう》が待っていた。するといきなり、矢次氏が武藤章を指して、「松本君、この人が日本政府だよ」と大声で言うではないか。確かに武藤章の懸命の努力が、今回の近衛さんの引き出しを生んだに違いないが、「この武藤君が日本政府だよ」には驚いた。
>
> （松本重治著、蠟山芳郎編『近衛時代㊦』）

松本の証言はいささか大袈裟にも見え、矢次が本当にこのように言ったかどうかはわからない。また、矢次のほうは単に酒席の戯《ざ》れ言《ごと》のつもりだったのかもしれない。それでも、当時の武藤を知る一端にはなるだろう。第一次近衛内閣で法制局長官を務め、大政翼賛会に参加した船田中《ふなだなか》（のち衆議院議長）は、「武藤章は軍務局長を長くやっていたので、軍人というよりは政治家ですね」とまで述べている（中村隆英・伊藤隆・原朗編『現代史を創る人びと2』）。

他にも、軍務局長時代の武藤については、同じく熊本県出身で海軍軍人の高木惣吉《たかぎそうきち》が県民の集いにおいて、武藤と面会した際の様子を記している。

ただ、その精力絶倫ぶりを示唆《しさ》する肩はばの広い堂々たる体軀《たいく》、相手を圧倒する眼光と風貌、傲岸にちかい言葉、政治、軍事にわたる博識ぶりは、なるほど敵にとっては恐ろしい存在だが、味方にとっては、この上もなく心強いボスだということがよくわかった。

（高木惣吉『自伝的日本海軍始末記』）

武藤という人物がどのようなものだったかがよくわかる。同時に、そんな武藤でも、大政翼賛会の成立にあたっては、自分の思い通りにすることはできなかった。この事実は、「軍部の政治介入」の見方の変更を迫るものでもある。

軍、特に陸軍が必要以上に政治へ介入したことは事実であるが、これを過大視するのは歴史を見る目を曇らせてしまう。政治が陸軍の意のままになっていた、というのは言いすぎではないだろうか。政治は時に軍に反撃し、また軍を動かすことすらあった。こうした見解は研究者間では知られていても、一般にはあまり浸透していないようだ。

ともあれ、こうして第二次近衛内閣のもとで大政翼賛会は発足した。そして武藤は、陸軍の軍政担当者としてさらに大きな問題に直面することになる。悪化していた日米関係である。

第五章

軍務局長(2) 日米交渉

日独伊三国同盟

昭和十五（一九四〇）年九月二十七日、ドイツの首都ベルリンで、日独伊三国同盟（正式名称・日本国、独逸国及び伊太利国間三国条約。以下、三国同盟）が調印された。

その内容は、日本がドイツ・イタリアの「欧州に於《お》ける」、ドイツ・イタリアは日本の「大東亜」すなわちアジアでの「新秩序建設に関し指導的地位を認め且《か》つ之《これ》を尊重」する、また三国のいずれか一国が「欧州戦争または日支紛争に参入しおらざる」一国によって攻撃された場合は、残り二国は「政治的、経済的及び軍事的方法に依《よ》り」支援する、などというものだった（日本国際政治学会『太平洋戦争への道 開戦外交史 第五巻 三国同盟・日ソ中立条約』）。

三国同盟に関して、九月二十八日の陸軍省の局長会報における武藤の次のような発言が残されている。

条約の及ぼす影響に関し独逸《ドイツ》側は米国の欧州戦参加を阻止し、日本側は現状の儘《まま》なれば日米衝突は必至と見るけれども、これを阻止するかあるいは収拾する力となるべし。

米国に対しこれ迄《まで》日本は飽《あ》くまで温和政策を採って来たが現状の如き状態ではそれは最早《もはや》不可能である。従《したが》って日本としては本条約を締結するを得ざる状況と相成《あいな》ったわけである。しかし本条約は日米戦を目的とするのでなく飽《あ》く迄《まで》これを回避するを目標としておる。従って米の経済圧迫は万策を講じてこれを避けねばならぬ。
（波多野・茶谷『金原節三陸軍省業務日誌摘録　前編』）

三国同盟は、あくまでも日米戦を避けるためのものだったのである。また、この時点で日米間の戦争を現実的に考えなければならないほど、その関係は悪化していたことがわかる。

もう一つ注目したいのは、三国同盟についての武藤の態度である。右の発言を読むと、三国同盟の必要性は強調しているものの、熱心に賛成している様子もうかがえない。前章で紹介した、近衛文麿との面談（畑俊六の日記では六月二十五日）でも、武藤は「独伊枢軸《すうじく》による考《かんがえ》なるが、米国と戦争するは不可なり。物を取って戦わせず、独伊枢軸に入ることは出来《でき》ざるや」と述べているように、その態度は慎重だった（畑他『続・現代史資料(4)陸

軍　畑俊六日誌』)。

矢次一夫によれば、武藤は「ドイツやイタリアのような、一時の風雲児や成上《なりあが》り者」を相手にして「三千年の誇るべき伝統をもつ日本が、生死を賭《と》する軽率は慎《つつ》しむべし」とも述べていたという(矢次『昭和動乱私史　中』)。

武藤の三国同盟に対する態度は、一面的ではない。三国同盟を望まなかったわけではないが、その根底にはドイツ・イタリア、特にドイツのヒトラーへの不信感のようなものがあった。それであっても、必要とあれば彼らと提携することも否定しなかったのである。こうした部分に武藤という軍人の複雑さが見て取れる。

アメリカはすでに昭和十四(一九三九)年七月には、日米通商航海条約の破棄を日本側に通告しており、両国の間には冷たい風が吹いていた。日米戦争の危機が高まるなかで、武藤は「飽く迄これを回避する」ために、三国同盟を支持したのである。

北部仏印進駐における不祥事

昭和十五(一九四〇)年九月、日本軍は北部仏印《ふついん》(フランス領インドシナ北部、現・ベトナム北部）へと進駐した。

仏印はイギリスによる蔣介石政権、すなわち国民政府への援助物資の輸送路（援蔣《えんしょう》ルート）となっており、かねてから日本はこのルートを閉鎖するよう、フランスに要請していた。仏印側からは六月にルートを閉鎖するとの連絡があり、日本からは西原一策《にしはらいっさく》陸軍少将がそのための監視団を率いて赴くことになった。

ところが、参謀本部は「要すれば武力も行使する」との意思も持っており（テレビ東京編『証言・私の昭和史3　太平洋戦争前期』）、仏印への進駐は混乱したものとなった。一部（中国と仏印国境付近のドンダン）で、日本軍と仏印軍の衝突があった。さらには、南支那方面軍参謀副長の佐藤賢了《さとうけんりょう》が進駐部隊への大本営命令を握り潰すなどの事件もあり（佐藤賢了『軍務局長の賭け』）、関係者の左遷も行われている。

現地に出張して、大本営の意図とは違う命令を出したのが富永恭次である。富永は帰国後、参謀次長の澤田茂《さわだしげる》によって作戦部長を辞めさせられる（防衛庁『戦史叢書　大本営陸軍部大東亜戦争開戦経緯〈2〉』）。そして、富永の後任として作戦部長になったのが田中新一である（ただし富永は翌年に人事局長として中央に復帰）。さらに、参謀本部では上層部の人事が大規模に刷新された。長年、総長の座にあった閑院宮載仁親王のあとに杉山元、次長は澤田から塚田攻へと交代する。

北部仏印への強引な進駐について、軍務課長の河村参郎《かわむらさぶろう》は次のように回想している。

而《しか》して軍務課としては其《そ》の及ぼす影響の極《きわ》めて大《だい》なるに想到《そうとう》し、努めて平和裡の交渉を以《もつ》て友好的進駐を行うを可とすとの結論に達し、陸相亦《また》同主旨の下に施策を行われたのであるが……。

（河村参郎「陸軍省軍務課在職当時に於ける主要事項に関する私記」）

陸相の東條英機が軍務課の方針を採択していたのであれば、武藤も当然ながら同じ方針であったろう。

しかし、北部仏印進駐は日米間にさらなる亀裂をもたらした。アメリカは日本に対して、屑鉄《くずてつ》の禁輸に踏み切ったのである。日本と中国の間で戦争が始まり、ヨーロッパではナチス・ドイツが台頭して以降、日本と英米の関係は徐々に悪化してきた。状況を打開しようと思って打った手がさらなる反発を呼び起こすという悪循環だった。

武藤の分析① 国際情勢の推移

武藤自身は、国際情勢や戦争についてどのような考え方を持っていたのだろうか。

昭和十六（一九四一）年十二月二十五日発行の冊子『内原青年講演集 第五・四巻』には、武藤による論文「国防国家完成の急務」が載っている。冊子の日付は日米開戦後だが、元になった講演が行われたのは昭和十五（一九四〇）年十一月である。独ソ戦が勃発する前、武藤が何を考えていたのかを知る手がかりになるものだ。先に紹介した「国際情勢と日本」と内容的に重複する部分もあるが、この論文を手がかりに武藤の考えを見ていきたい。

世界大戦は今や大転換期に遭遇して居《い》る。時を同じうして、東洋に於《おい》ては我《わ》が大日本帝国の聖戦、欧羅巴《ヨーロッパ》に於《お》いては独伊が世界変革の戦争を為《な》しつつあって、此《こ》の東洋と欧羅巴の戦争は、相《あい》関連して世界の新秩序を建設しつつあるのである。随《したが》って英米仏、即《すなわ》ち現状維持国に対する吾々《われわれ》の今の戦いの勝利は、単に世界列強の勢力分野を変えると言うような形式の問題でなく、久《ひさ》しく英米仏等に依《よ》って代表せられ、且《か》つ支配せられて居た、旧世界秩序を顚覆《てんぷく》し、其《そ》の行詰《ゆきづま》って居た文明を克服して、人類文化の正道を辿《たど》ろうとするのであって、究局の目的は正に此処《ここ》にある。

（武藤章「国防国家完成の急務」。以下、183ページまでの引用は同論文より）

ここでの「聖戦」とは、日中戦争のことである。蔣介石は英米からの援助を受けていたため、日本は間接的に英米と戦っていると考える人は少なくなかった。武藤によれば、英米仏を代表とする「現状維持国」に対して、日独伊が「新秩序を建設」しようと挑《いど》んでいるのが現在の世界であった。

さらに、武藤は次のように言う。日本は、「理不尽な外国の圧迫の為《ため》に奴隷的境遇に呻吟《しんぎん》して居《い》た東亜民族全体」を解放し、彼らを「日本を核心とする一大家族的関係」に導いて、共存共栄の実を上げねばならない、こうした大きな使命達成のために「国防国家体制」を完成させなければならない。

然《しか》らば国防国家体制とは一体どう云《い》うことを意味して居《い》るのか。国防国家の必要はなぜあるのかを此処《ここ》に述べねばならないが、之《これ》を端的にのべるよりも、先《ま》ず第一次欧州戦争以来の世界の動きを一応こゝに示す方が、便宜でもあり、又《また》必要と思うから、暫《しばら》く最近に於《お》ける国際情勢の動きに付《つい》てのべたいと思う。……イギリス、アメリカ、フランス三国は、所謂《いわゆる》ヴェルサイユ条約を作って其《そ》の規定の下に欧州の秩序を作ったのである。是《これ》は決して戦《いくさ》に敗《ま》けたドイツのみではない。英米仏以外の凡《あら》ゆる国を此《こ》のヴェルサイユ条約の規定に依《よ》って縛《しば》り付け、国際連盟と云《い》う美名の下に、彼等《かれら》持てる国、即《すなわ》ち現状維持を欲する国の利益を目的として、世界の有《あら》ゆることを自分の欲する儘《まま》にやって来たのである。

武藤は「国防国家体制」の必要性を説明する前に、当時の国際情勢の因《よ》って来たるところを述べている。武藤いわく、第一次世界大戦終結後のヴェルサイユ体制によって、英米仏以外のあらゆる国は身動きを取れなくされ、「現状維持を欲する」英米仏は自分たちの利益のために好き放題してきた。

しかし日本は、第一次世界大戦の時は日英同盟に従ってドイツに戦線を布告し、戦勝国の一員として国際連盟で重要な地位を占めていた。それでも、武藤にとってこの国際秩序は日本の足枷《あしかせ》と映ったのである。武藤は、ワシントン海軍軍縮条約で日本が英米に劣《おと》る比率で定められたことを、「日本の発展せんとする力を押《おさ》え付けたのである」と断じている。そして、「支那は此《こ》の英米の力を恃《たの》んで」抗日侮日に走ったと批判している。

武藤は、「現に戦われて居《い》る旧世界の秩序を変革せんとする世界の行動は、吾々《われわれ》の先輩が満洲事変に於《おい》て其《そ》の烽火《のろし》を上げた」と言う。確かに、満洲事変の四年後となる昭和十（一九三五）年にイタリアのエチオピア侵攻が起こり、その翌年にはドイツがラインラントに進駐している。さらにドイツは、ヴェルサイユ条約を破棄して再軍備を行った。

また、日本が昭和八（一九三三）年に国際連盟を脱退すると、これに続くようにドイツも連盟を抜け、ドイツによるオーストリアとチェコスロヴァキア併合となる。

茲《ここ》に現状維持、現状打破両陣営の相剋摩擦《そうこくまさつ》は東西相《あい》関連して本格的に火花を散らすようになったのである。一転して吾々《われわれ》の側を見ると、東洋に於《お》いては、昭和十二年七月支那事変の勃発となって、今や帝国は日満支を枢軸とする大東亜生存圏の確立に向《むか》って邁進《まいしん》しつつあるのである。斯《か》くして吾々は東亜全体を白人的帝国主義侵略より、之《これ》を免《まぬか》れしめんとし、動乱は全世界に亘《わた》っていまや地球狭しとばかりに展開されて来たのである。

武藤は、こうしてヨーロッパではドイツ・イタリアが、東洋では日本が「現状打破」勢力となって「現状維持を欲する」勢力に挑戦している様《さま》を肯定する。ただし、東洋の「現状打破」は「白人的帝国主義」からアジアを解放するという大義名分の点で、ヨーロッパのそれと大きく異なる。だが、ドイツ・イタリアは英米仏のように東洋に確固たる植民地を持たなかった点で、この矛盾は解決されるのだろう。

武藤の分析② 国防国家体制

武藤はここで筆を本題に戻す。ドイツが再軍備から短期間で領土を拡大し、強国とされたフランスまで屈服させた理由に言及する。

併《しか》し仔細《しさい》に此《こ》の原因を探求して見ると、斯《かく》の如くドイツが勝ったのには、まだ外《ほか》に相当の理由があったのである。それは取りも直さず、国防国家体制が完備して居《お》ったからである。

従来、戦争は武力のみによってその勝敗が決まっていた。ところが、第一次世界大戦からは戦争の形態が変化した。軍事力のみならず、経済、政治、外交、文化など、直接間接問わず、あらゆる要素が戦争の遂行に必要となったのである。

戦争の形態が変化し、また国際関係が緊迫化して以降、ヨーロッパ各国はそれぞれ「国防国家体制」の建設に邁進するようになったが、そのなかでいち早く成功したのがドイツ・イタリアだという。では、国防国家とは具体的にどのような状態を指すのだろうか。

然《しか》らば国防国家とは、一体何かと云《い》うと、之《これ》を一言にして云えば、国家総力戦体制を平常化することである。……之を言葉を難《むず》かしく云うと、強力国家即《すなわ》ち国防国家なのであって、物心《ぶつしん》両面に亘《わた》る、真に統制ある挙国一致体制である。即ち政治、経済、外交、文化等の諸部門、即ち国家の総力を挙げて戦争目的に合致するように、常に一元的に之を組織し、統制し、一朝《いっちょう》有事の際は、其の組織に大《だい》なる変更を加えないでも、直《ただ》ちに総合国力を発揮運営することの出来るようにすることが、即ち国防国家である。

裏を返せば、日本はまだ「国防国家体制」ができていない、ということになる。武藤はこののち、さまざまな国の例を挙げて、日本の「国防国家体制」の建設を急ぐように主張する。ドイツ・イタリアについては当然ながら肯定的に記述し、イギリスについてもドイツに遅れてはいるが、急速な体制の建設を行っている、と評している。

興味深いのは、ソ連に関する観察だ。共産国家であるソ連は日本の国体《こくたい》と相入《あいい》れず、またたびたび関東軍とも衝突している関係から、警戒心があるのは当然である。ただし、「国防国家体制」については、「寡頭《かとう》独裁政治」によって国内の膨大な資源を運用する体制は評価している。

政権は共産党と不可分の関係にあり、他よりの少しの掣肘《せいちゅう》も受くることなく、思う存分に国政が運営せられ、随《したが》って政治は全経済行為を統制し得るのである。即《すなわ》ち完全なる計画経済が行われて、国防国家の建設も亦《また》極めて容易に完成されるのである。

共産国家はその常《つね》として独裁政治であり、当然ながら指導者の意向は容易に国政に反映されやすい。「国防国家体制」の建設も、他の勢力による容喙《ようかい》は少なくなる。ナチス・ドイツやイタリアも同様である。ここの論考は、かつて武藤が行った講演「国際情勢と日本」とほぼ同じである。翻《ひるがえ》って、ドイツに短期間で蹂躙されたフランスは人民戦線〈武藤は共産党の「カムフラージュ」とする〉の跳梁《ちょうりょう》によって「国防国家体制」の建設に大きな遅れが出て、悲惨な敗北を喫した、としている。

油断をした国家、赤《あか》〈共産主義〉に蝕《むしば》まれた国家の状態を、吾々《われわれ》は痛切に眼の前の此《こ》のフランスに於《お》て見せつけられて居《い》るのである。

武藤は政治的に共産国家が「国防国家体制」の建設に優れていることを指摘したが、けって思想的に賞賛したわけではない。大いに警戒心を抱いていた。

武藤の分析③　対アメリカ、対ソ連、対中国

もう一つ注目したいのは、日本の最大の敵となるであろうアメリカの観察である。

太平洋の彼岸《ひがん》に世界第一等国として、傲岸に構えて居《い》る米国の状態はどうかと云《い》うと、是亦《これまた》国防国家建設に非常な力を入れて居るのである。即《すなわ》ち世界第一等の陸軍、世界第一等の海軍、更《さら》に又《また》世界第一等の空軍、之《これ》を建設せんとして、国民全体に対して一大軍備熱を煽《あお》り立てて、国防国家建設に邁進して居る有様《ありさま》は側《はた》の見る目も正《まさ》に是は気狂い沙汰のように見える。

陸海空いずれも「世界第一等」の規模で建設しようとしているということは、それを可能にする国力があるからに他ならない。その恐ろしさは、十分承知していた。

軍事費から見ても、米国の国防費は、陸海軍合《がっ》して総額三十二億七千六百万弗《ドル》になって居《い》る。之《これ》を日本貨に換算して見ると、鈞《ママ》百四十億円に当《あた》るのである。百四十億円と云《い》う平時の軍事費は、吾々《われわれ》日本では考え得られない程《ほど》のものである。……実際世界は今や弱肉強食の修羅場と化し、正に戦国時代の容相を呈して居る。斯《かか》る世界的趨勢《すうせい》に於《お》いて、我《わが》国のみ独《ひと》り安閑として居ることは、是《これ》は絶対に許されない所であって、内外共《とも》実に容易ならざる大試練に現代の吾々日本人は直面して居るのである。

昭和十六年度の日本の国家予算が全体で八〇億円ほどであることを考えれば、陸海軍だけで約一四〇億円というアメリカの軍事費がいかに巨大かがわかる。武藤が見るに、このようにさまざまな国家が「国防国家体制」の建設を急ぐ状況は、まさしく「戦国時代」だった。日本は、このなかで渡り合っていかなければならないのである。

即《すなわ》ち自ら好んで戦《いく》さをするには及ばないのであるが、苟《いやしく》もアメリカの非行に依《よ》ってする両国関係の最悪の場合に於《お》いては、之《これ》に断然対抗する所の準備を整えると共に、毅然《きぜん》たる態度を以《もっ》て、非《ひ》は非とし、是《ぜ》は是として飽《あ》くまで之に対処するの確信がなくてはならないのである。

武藤はここでまたソ連に言及する。武藤の見るところ、ソ連は国際情勢の進展に応じて国防国家体制を構築し、この年（昭和十六年）は豊作で、その豊作によってソ連の気構えは「非常に強く」なった。国内政治を好転させて徐々に「スターリンの独裁権を強めつつ」あった。武藤はこの点を踏まえて、日本がただちに着手すべき方策を言及する。

吾々《われわれ》が此《こ》の際《さい》考えなければならないのは、ロシアが非常に強い態度になったのは、ロシアの農産物が沢山出来て、自分自身で食える、其《そ》れ以上にドイツ辺《あたり》までも農産物を分けてやって行けると云《い》う所に非常な強味を今度持って来て居《い》る。吾々は飽《あ》くまでも自給自足の共存共栄圏を作らなければならない。……随《したが》って、此《こ》の企図を遂行しようと云《い》うならば、一時ロシアの方面との国交を調整しなければならないと思うことも起《おこ》り得るのである。

ソ連が対外的に強気に出られるようになったのは、農産物が大量に収穫されて「自分自身で食える」ようになったことが原因であると、武藤は考えていた。そして、日本が早急にすべきことは「自給自足」であり、そのためには「共存共栄圏」を作らなければならず、宿敵とも言えるソ連と一時国交調整の必要性も認めていた。

中国に対しては、武藤は、国民政府が日本との戦争を止《や》めないのは「もう暫《しばら》く我慢すれば、日本の方が参るだろう」という「とんでもない誤解」がもとになっていると観察していた。

いわく、「恃《たの》む所は日本から行く各種の情報」であり、日本が国内体制を強化し、「挙国一致、一億一心」の姿を見せれば、「必ずや近く屈服するものと私は確信して居《い》る」。

武藤の分析④　経済政策

国内体制の強化に際しては、武藤は次のように述べている。

日本の現状はロシアを見ても、英米を見ても、重慶政府を見ても、決して楽観を許さないのであって、一《ひと》たび間違わんか、更《さら》に日米戦争を太平洋上に始めて、世界人類の悲惨なる状態を招来することは、是《これ》は火を睹《み》るよりも明《あきら》かである。斯《かく》の如き情勢の下に於《おい》て吾々《われわれ》が真に東洋の盟主として、大東亜建設を、成《なる》べく少《すくな》い力を以《もっ》てやらんとすれば、本当に一億一心の国内体制を整えることである。……斯《か》くして自ら恃《たの》む所あって初めて吾々の国是《こくぜ》を遂行することが出来るのである。故《ゆえ》に一刻も早く国家の凡《あら》ゆる制度、凡ゆる力、政治、経済、文化等の総《すべ》てを挙げて国防を中心とし、広義国防の諸要素を、一体的に、有機的な国防国家体制にして、強力な国策を遂行することにお互《たがい》心掛けなければならないのである。

武藤は、ここで大政翼賛会の意義を語る。すなわち、大政翼賛会とは「一億一心、職分奉公」の国民組織を確立して、「個人の自由」という価値観に根差す政治、経済、文化の摩擦を排除し、「自由主義の標本たる多数決」ですべてを解決しようとする考え方を放棄して、国民が全力を挙げて国策に協力することを目的としている。そのためには、民間企業も協力しなければならない。「公益」を最優先し、「国家の必要に基《もとづ》く生産第一主義」を推奨する。

随《したが》って、従来の算盤《そろばん》が引《ひきママあわ》は合ぬから仕事にならぬと云《い》ったような考えよりも、国家の必要とする所には万難を排して先《ま》ず生産に従事して、算盤などは後で考える。兎《と》に角《かく》国家が必要とする所に、吾々《われわれ》は全力を打込んで仕事をする、斯《こ》ういう考えにならねばならぬのである。

ここにおいて、従来の資本主義は否定される。民間企業は利益で動くのではなく、「国家が必要とする所」に生産を集中せよ、と述べている。武藤は、「世の中で一番の損」とは「命を失う」ことであり、最前線の兵士たちはその危険を冒《おか》して戦っている、それに比べれば「算盤の少々合わぬ」くらいは問題にならないと言う。

国家は斯《こ》う云《い》う大事変に遭遇して居《い》て、第一線に物が要《い》る。殊《こと》に現代軍備に於《おい》ては、非常な鉄と、非常な機械を要する。ドイツがフランスに勝ったのも戦車であり、飛行機である。斯う云う重工業方面の発達を大いにやらなければならぬ事になれば、自然鉄材其《そ》の他をこの方に振向《ふりむ》けねばならないのである。……吾々《われわれ》は何と云《い》っても勝たなければならぬ。其の為《ため》には重点主義がどうしても要請されるので、此《こ》の点は諸君は吾々と共に十分考えて貰《もら》わなければならないと思う。

武藤の言うことは、統制経済論にほかならない。また、戦後に行われた傾斜生産方式とも共通点がある。要するに、戦争に必要な産業に鉄資材を振り向けるということだ。

武藤は「共存共栄圏」を築くことで「自給自足」経済を可能にし、企業は自身の利益よりも「国家の必要とする所」に全力を注がなければならない。その「国家の必要とする」産業に資材を重点的に投入し、「国防国家」の完成を目指す。これが武藤の構想だった。

武藤はけっして理を曲《ま》げてまでアメリカの要求に屈するつもりはなかったが、同時に「日米戦争を太平洋上に始めて、世界人類の悲惨なる状態を招来する」と指摘しているように、アメリカとの戦争が厳しい結果となることもわかっていた。だからこそ、武藤はギリギリまで外交交渉に望みをかけていたのだろう。「国防国家」体制が確立する前に開戦してしまうことは避けたかったと思われる。

日米交渉、始まる

昭和十六（一九四一）年二月、駐米大使として海軍大将（予備役）の野村吉三郎《のむらきちさぶろう》が赴任することになった。野村は海軍出身ながら、阿部信行内閣時代に外務大臣も経験していた。野村の派遣は日米関係修復のためであったが、水面下での交渉はすでに始まっていた。

密かな交渉が始まったのは前年十一月、二人の人物が日本を訪れた時からだ。二人とはカトリックのメリノール教会に所属するウォルシュ司教とドラウト神父で、彼らが訪ねたのは、元大蔵官僚で産業組合中央金庫（現・農林中央金庫）理事の井川忠雄《いかわただお》である。井川は大蔵官僚時代に数年間駐米経験があり、さらにはカトリック教徒でもあった。

二人は井川を通じ、さまざまな日本側の要人と面会した。首相の近衛文麿、外務大臣の松岡洋右《まつおかようすけ》、そして軍務局長の武藤である。武藤が二人の神父と会ったのは十二月二十七日のことで、二人は井川を帯同していた。二人の帰国後、井川は武藤に対して面会の礼状を送っている（十二月二十一日付）。

拝啓　過日は御多忙中ウォルシュ司教及《および》ドラウト神父の両名御引見《ごいんけん》の上、帝国政府就中《なかんずく》我陸軍の公明なる態度に付卒直《つきそつちょく》なる御説明賜《たまわ》り、且《かつ》両人に対し世界人類の幸福の為此上《ためこのうえ》とも尽力方御激励有之候段《これありそうろうのだん》感謝の他無之《ほかこれなく》候。御蔭様《おかげさま》にて両人共大《おおい》に感動仕《つかまつ》り、彼等の抱懐《ほうかい》せる企図達成の決意を一層固くしつゝ、翌二十八日横浜出帆の新《にっ》田丸《たまる》にて離日、帰米後早速《さっそく》諸工作に着手可致旨洩《いたすべくむねもら》し居《お》られ候。

（井川忠雄著、伊藤隆・塩崎弘明編『井川忠雄日米交渉資料』）

二人のうしろにはフランクリン・ルーズベルト政権の郵政長官フランク・ウォーカーがいたとされており、ウォルシュらは日本で武藤を含めた政府・軍の要人との会談をもとに、両国間を仲裁すべく奔走することになる。

井川はその後、外務省嘱託の名義で昭和十六（一九四一）年二月に渡米した。陸軍からは軍事課長の岩畔豪雄大佐が野村大使の特別補佐官としてアメリカに行くことになった。

井川、岩畔、ドラウトらはワシントンに集まり、日本とアメリカの関係を修復するための試案である「日米諒解案」（以下、諒解案）を書き上げる。

四月十六日、野村大使は国務長官コーデル・ハルにこれを提案し、ハルからも「大体之《これ》に異議なき旨」を確かめ、そのうえで「政府の訓令を得られたき旨」を伝えられた（外務省編『日本外交文書 日米交渉一九四一年 上巻』。以下、諒解案は同書より）。諒解案はあくまでも岩畔や井川などによる非公式案にすぎないので、ハルはこれを正式な日米交渉のルートに乗せるために日本政府側から大使館に回訓（命令）するよう、望んだのである。

条項の「支那事変に対する両国政府の関係」のなかでは「米国大統領が左記条件を容認し且《かつ》日本国政府が之《これ》を保障したるときは米国大統領は之に依《よ》り蔣政権に対し和平の勧告を為《な》すべし」として、いくつかの条件が並べられている。

そのなかには「日支間に成立すべき協定に基《もと》づく日本国軍隊の支那領土撤退」「満洲国の承認」がある。すなわち、中国大陸からの撤兵について日本の自主性を認めると共に、満洲国は承認する、というのである。武藤はこれらの条件を「陸軍として最も関心を持つ点」とし、「私はこれで日本は救われたと思った」と回想している（武藤『比島から巣鴨へ』）。

松岡洋右の反発

前述のように、諒解案は陸軍の岩畔豪雄、外務省嘱託の井川忠雄らが作成し、駐米大使・野村吉三郎がコーデル・ハルに提案。ハルは「大体之《これ》に異議なき旨」を表明し、そのうえで、日本政府の正式な交渉案として持ち出すように要請した。

ところが、日本側はこれをアメリカ案と受け取ってしまう。その理由の一つとして考えられるのが、野村が電報に、ハルの言葉として諒解案で「交渉を進めて宜《よろ》しく、政府の訓令を得られたき旨申《もう》し出《で》あり」と記したことにあるという（波多野澄雄『幕僚たちの真珠湾』）。

さらに、ハルはこの諒解案で交渉を進めるに際して「四原則」を出していたにもかかわらず、野村の電報ではそれが伝えられていない。

その原則とは（1）すべての国家の領土と主権を尊重すること、（2）他国の内政に干渉しない原則を守ること、（3）通商の平等を含めて平等の原則を守ること、（4）平和的手段によって変更される場合を除き太平洋の現状を維持すること、であり（アジア歴史資料館インターネット特別展「公文書に見る日米交渉」)、この四原則に同意のうえで諒解案が議論されるはずだった（波多野『幕僚たちの真珠湾』)。

それでも日本側は、政府も軍も、同案で交渉を行うことに異存はなかった。問題は、昭和十六（一九四一）年三月から外遊に出ていた外相の松岡洋右である。松岡は、ドイツとイタリアに向かう途中にソ連に立ち寄ると、モロトフ外務人民委員と会談。その後、ヒトラーやムッソリーニと会った帰りにもソ連に立ち寄る。ここで、松岡はスターリンとの直接会談に成功し、日ソ中立条約を締結した。

松岡は、ソ連とアメリカの接近を阻止し、日本の立場を強くしてアメリカとの交渉に臨むつもりだったのである。それゆえ、自分の知らないうちに進められていた諒解案に強い拒否感を示した。松岡帰国後の四月二十二日、大本営政府連絡懇談会（大本営政府連絡会議の名称が変更されたもの）において、松岡は諒解案について「自分の考えとは大分異《ちが》う故《ゆえ》慎重に考うる必要あり」と述べ、アメリカへの態度を決定するのに「二週間乃至《ないし》二ヶ月位かかるかも知れん」と返答を引き伸ばそうとした（参謀本部編『杉山メモ（普及版）上』)。

五月三日、松岡は、ハルに対する「オーラルステートメント（口頭での伝達)」を野村大使に回訓する。

そのなかで、松岡は「米国の干渉は戦争を長期化し人類の悲劇に終《おわ》る結果惹《ひ》いては近代文明の究極の没落を齎《もた》らすの重大なる危険を孕《はら》むべし」と述べている（外務省『日本外交文書 日米交渉一九四一年 上巻』）。つまり、ドイツ・イタリア側に立ち、大戦へのアメリカの参戦を牽制する立場をはっきりさせてしまったのである。

松岡の真意

松岡洋右のオーラルステートメントに対して、ハルは野村吉三郎経由で改めて「四原則」を強調するが、前述の通り、野村は最初に諒解案を政府に知らせた際、この四原則を伝えていなかった。つまり、日本政府側にすれば、ここで急に四原則を知らされた形となったのである。

松岡は昭和十六（一九四一）年五月十二日に野村大使に諒解案の修正案を送っているが、そのなかでは三国同盟の堅持や汪兆銘《おうちょうめい》政権（南京に首都を置いた親日政権）の承認を求めるなどしており（外務省『日本外交文書 日米交渉一九四一年 上巻』）、アメリカとの対立姿勢は強くなっていった。

そもそも松岡が主眼としたのは、日米交渉の妥結よりもアメリカの欧州戦争への参戦を阻止し、ドイツを支援することにあった（服部聡『松岡外交』）。ただし、松岡はドイツに親近感を抱いていたものの、けっして無条件に信じていたわけではない。にもかかわらず、アメリカに対してはそれ以上の不信感を抱いており、「あまりにも条件が良すぎる『日米諒解案』は、日独を確固撃破《かっこげきは》するための一時的な対日宥和策《ゆうわさく》に過ぎない」と判断したとされる（同右）。

松岡自身が「対米交渉成功は三〇％なり」と述べており（軍事史学会編『大本営陸軍部戦争指導班　機密戦争日誌　新装版　上』）、対米交渉にさしたる望みを抱いていなかったことがわかる。

外務大臣である松岡に妥協の意思がない以上、諒解案による日米交渉は頓挫《とんざ》せざるを得なかった。諒解案は作成経緯の問題はあったにせよ、陸軍も乗り気な案だった。対米強硬派の一人である佐藤賢了軍務課長でさえ「これでうまくいくならそれに越したことはない」と賛成する案だった（佐藤『軍務局長の賭け』）。

しかし松岡は、かつてアメリカが第一次世界大戦後に日本の中国権益を放棄させたり、日英同盟を解消させたりしたことから強い不信感を抱いており、欧州戦線にアメリカが参加することで「第一次世界大戦の再現」になることを防ごうとしていた（服部『松岡外交』）。第一次世界大戦、すなわちドイツ・オーストリア・トルコ他とイギリス・フランス・ロシア他との戦争に、アメリカは英仏側に立って参戦し、ドイツは悲惨な敗戦国となった。松岡は、これを避けようとしたのである。

独ソ開戦の衝撃

昭和十六（一九四一）年六月二十二日、ナチス・ドイツは突如として不可侵条約を結んでいたソ連を攻撃する挙に出た（バルバロッサ作戦）。

日本はこれをまったく知らなかったわけではなく、五月十三日には駐独大使館附武官から参謀本部に「独『ソ』開戦必至」の知らせが届いていた。にもかかわらず、参謀本部ではその二日後に開かれた部長会議にて「独『ソ』遽《にわ》かに開戦せざるべし」という状況判断がなされる（軍事史学会編『大本営陸軍部戦争指導班　機密戦争日誌　新装版　上』）。

陸軍が独ソ戦の勃発を疑ったのには、理由がある。ドイツはヨーロッパ大陸を席巻して覇権を確立したかに見えたものの、フランスのダンケルクでイギリス軍の撤退を許したあと、イギリス本土の攻略に手間取っていた。ここでソ連を攻撃すれば、イギリスと敵対したまま別方面に兵力を振り分けることになる。

軍務課高級課員の石井秋穂は「まさか二正面作戦をと誰もが半信半疑でいた」と記すが(武藤・上法『軍務局長 武藤章回想録』)、軍事的合理性の観点から考えれば、その通りである。武藤も同様で、「独逸《ドイツ》の対英戦争が中途半端にある今日、ヒットラーが気でも狂わん限り、対ソ戦争を始むる気遣《きづか》い無用と判断」していた(武藤『比島から巣鴨へ』)。

ところが、六月六日に駐独大使大島浩《おおしまひろし》(陸軍中将)からヒトラーとの会談の結果、「独『ソ』開戦概《おおむ》ね確実なり」との知らせが入り、至急「『独ソ』開戦に伴《ともな》う帝国国策を決定」することになった(軍事史学会『大本営陸軍部戦争指導班 機密戦争日誌 新装版 上』)。

強硬論と慎重論

こうして、昭和十六(一九四一)年七月二日の御前会議で決定されたのが、「情勢の推移に伴う帝国国策要綱」（以下、国策要綱）である。国策要綱では、次の方針が示された。

独「ソ」戦に対しては三国枢軸の精神を基調とするも暫《しばら》く之《これ》に介入することなく密《ひそ》かに対「ソ」武力的準備を整え自主的に対処す。

（「情勢ノ推移ニ伴フ帝国国策要綱　昭和16年7月2日」）

すなわち、今すぐドイツに呼応《こおう》してソ連を攻撃はしないが、機を見て武力行使を考える、というのである。

陸軍内でも、ドイツの対ソ攻撃に応じるかどうかで意見が分かれた。佐藤賢了によれば、「参謀本部では全部というほど、対ソ戦熱が強かった」というが（佐藤『軍務局長の賭け』）、特に熱心だったのは作戦部長の田中新一である。六月九日の「機密戦争日誌」によれば「第一部長は北方解決の意強《い》く、また国策要綱の作成に際して「好機を作為捕捉して武力を行使すべきを強調」している（軍事史学会『大本営陸軍部戦争指導班　機密戦争日誌　新装版　上』）。

この「作為捕捉」という部分に、田中の真意が隠されている。田中は「好機の有無にかかわらずまず武力行使の国家意志を明定《めいてい》しなければならぬ」と考えており（防衛庁『戦史叢書 大本営陸軍部大東亜戦争開戦経緯〈4〉』）、武力行使を前提に、あとは「作為」、つまり好機を作り出してでも対ソ攻撃を行おうとしていたということになる。

いっぽう、軍務局の判断は慎重だった。六月八日の日曜日、東京・芝《しば》にある「つかさ」という料亭に、武藤、真田穣一郎《さなだじょういちろう》（軍事課長）、佐藤賢了（軍務課長）、石井秋穂（軍務課高級課員）、西浦進（軍事課高級課員）が集まり、情勢判断が行われた。石井によれば、独ソ戦が発生した場合の見通しについて、次のような問答があったという。

武藤「独ソ戦が始まったとしてその推移をどう判断するか？ 石井」
石井「支那事変の二の舞でしょう」
武藤「理由？」
石井「ソ連は支那の抗日のスローガンである地大すなわち土地が宏大、物博すなわち資源が豊富、人多すなわち人口が相当多いのです。それに共産党による一党独裁が相当浸透しておりますので、簡単に内乱が起《おこ》るとは予想されません。独軍は初め巧《うま》く行けばボルガ川の線くらいまで押すかも知れませんが、ソ連がそれで崩壊するとは考えられません」

武藤はしばらく他の三人の顔を見ておった。特に西浦を見詰めていたが、もはや誰にも異存がないらしい。論議の必要もないものと看取《かんしゅ》したらしく、

武藤「全然同意。ソ連が簡単に参《まい》るなんて考えるものがあったら飛んでもない誤《あやま》りだ。軽率に飛びついてはいけない。では一つ書いてみろ」

（武藤・上法『軍務局長　武藤章回想録』）

「書いてみろ」と言われた石井や西浦が書いたのが、国策要綱の陸軍省案であった。石井の回想によれば、要点は次のようなものだった。

一　独ソ戦に対しては、差当《さしあた》りこれに介入することなく形勢を観望し、若《も》し戦争の推移が我が国の為《ため》極めて有利に進展したならば、武力を行使して一挙に北方問題を解決する。

二　欧洲戦争において枢軸陣営の勝利が確定的となるに至らば、南方要域に進出してこれを我が勢力圏内に収める。
三　米国が参戦した場合は三国条約の精神に基《もとづ》き態度を決するが、武力行使の時機及び方法は別に定む。
（防衛庁『戦史叢書　大本営陸軍部大東亜戦争開戦経緯〈4〉』）

陸軍省案は参謀本部とも折衝を重ね、六月十三日になると作戦部長の田中が主張していた「好機を作為捕捉」の「作為」はついに削除された。一時は腕力に任せてでも己《おのれ》の主張を通そうとした田中であったが、陸軍省との折衝において「第一部長遂《つい》におれ」たのである（軍事史学会『大本営陸軍部戦争指導班　機密戦争日誌　新装版　上』）。

ドイツ勝利への疑い

武藤の独ソ戦の見通しについては、別の証言もある。貴族院議員で、新体制運動にも参画した亀井貫一郎《かめいかんいちろう》の回想には、独ソ開戦後に武藤と会った際の会話が記述されている。

〔武藤軍務〕局長は更《さら》に独ソ戦争の見通しを尋《たず》ねらる。小生は、米国の参戦をも考慮し、結局、長期戦線となりてドイツが敗北すべきことを申し述ぶ。局長は無言なりしも、時々頭を振って肯定せるが如く、やがて、口を開き、陸軍の大勢は、ドイツが極めて短期間に勝利を得べしというのが、圧倒的見解なり。独力これを覆《くつが》えし得ずとせらる。又《また》、曰《いわ》く、辛《かろ》うじて松岡外相と参謀本部の対ソ開戦論は、これを押《おさ》えるを得たれ共《ども》、陸海軍一致の大勢は、ドイツの全面的勝利を信じて疑わず、その前提の下に一切の論議が行なわれており……。

（日本近代史料研究会編『亀井貫一郎氏談話速記録』）

武藤の独ソ戦に関する見通しは、やはりドイツ勝利に懐疑的である。亀井の回想は知人の死去した月日をまちがえるなど、正確性に疑問が残る部分もあるが、武藤の見解については石井秋穂の回想ともほぼ一致している。また、亀井がわざわざ武藤の意見を曲げて記す必要もなく、概ね事実と見てよいのではないだろうか。

独ソ戦は当初、奇襲を仕掛けたドイツ有利に進み、数十万人の捕虜と広大な領土を獲得し、膨大な量の武器を鹵獲《ろかく》した（ウルリヒ・ヘルベルト著、小野寺拓也訳『第三帝国』）。

こうした初期のドイツ軍の進撃もあり、日本政府部内にもソ連への攻撃を明確に主張する者が出てきた。その代表者が、右の武藤と亀井の会話にも名前が出てくる松岡洋右である。松岡は、昭和十六（一九四一）年六月二十七日に行われた大本営政府連絡懇談会で、次のように主張している。

今や独「ソ」戦が惹起《じやっき》した。帝国は暫《しばら》く形勢を観望するとするも、何時かは一大決意を以《もっ》て難局を打開せねばならぬ。独「ソ」戦が短期に終《おわ》るものと判断するならば、日本は南北何《いず》れにも出ないと云《い》う事は出来ない。短期間に終ると判断せば北を先《さ》きにやるべし。独が「ソ」を料理したる後に対「ソ」問題解決と云うても外交上は問題にならぬ。

（参謀本部『杉山メモ（普及版）上』）

松岡は、内務大臣の平沼騏一郎に「あなたの御話は直《ただち》に『ソ』を打てというのか」と問われると、「然《しか》り」と答えている（同右）。

関東軍特種演習

参謀本部でも、田中新一作戦部長の「作為捕捉」の文言が削除されはしたものの、早期の対ソ開戦をあきらめたわけではなかった。

石井秋穂の日記（昭和十六年七月一日）には、陸士同期生で作戦班長から作戦課長になったばかりの服部卓四郎《はっとりたくしろう》中佐から「対『ソ』戦開始時期につき説明を受く」とある（石井秋穂「石井秋穂大佐日誌　其二」）。石井の日記には、「説明」の具体的な記述はないが、同日の参謀本部作戦課員櫛田正夫《くしだまさお》中佐の日記には、服部の説明した「独ソ戦の見透《みとおし》」が記されている。

> 支那の長期戦にてこりごりし、過度に対「ソ」戦を長期戦になるの声高し（あつものにこりてなますを吹く）。対ソ作戦の特性、作戦時期の限定、冬季に入る。……八月一杯を目標に作戦準備を進む。来年、熟柿《じゆくし》を待たんとせば米国の手が入り非常な脅威になる。
>
> （櫛田正夫「櫛田大佐業務日誌」）

服部は、対ソ戦が長期戦となることへの懸念を「過度」と批判したうえで、対ソ戦を行うには冬の前に始める必要があり、そのためには「八月一杯」を目処《めど》にする必要がある、と言う。しかも、冬が過ぎて来年になれば、ソ連はアメリカの援助によって強力になるから、「熟柿」すなわち柿（ソ連）が熟《う》れて落ちるのを待つわけにはいかない、と述べているのである。

七月二日、「情勢の推移に伴う帝国国策要綱」が御前会議で決定されるいっぽう、参謀本部の作戦部では、極秘裏に本格的な動員下令の準備が行われた（波多野『幕僚たちの真珠湾』）。

こうして準備されたのが、関東軍特種演習、通称関特演《かんとくえん》である。七月五日、現在の関東軍の兵力に加えて五〇万人を増派、約八〇万トンの船舶徴用を七月二十五日までに行うことが決定された（防衛庁『戦史叢書　大本営陸軍部大東亜戦争開戦経緯〈4〉』）。

軍事課の西浦進によれば、参謀本部だけではなく、人事局長の富永恭次も「田中第一部長の別働隊となって、軍務局方面を盛んに圧迫した」という（西浦『昭和戦争史の証言』）。武藤は田中と富永という、二人の同期生を相手にしなければならなかったのである。

もちろん、日本はこの間に独ソ戦への対応だけを行っていたわけではない。対米関係の調整も重要課題の一つであり、こうした問題は別個に存在したのではなく、軍や政府のなかで複雑に絡《から》み合って日本の動きを拘束した。

そしてついに、アメリカから忌避された外相の松岡洋右が、実質的に近衛文麿内閣から排除される次第となる。閣僚の罷免権がなかった戦前期の首相として、近衛は内閣総辞職を行い、即座に大命再降下、外相を松岡から豊田貞次郎《とよだていじろう》（予備役海軍大将）に替えて七月十八日、第三次近衛内閣の発足となった。

ソ連の無線封止

内閣が替わって約二週間後の昭和十六（一九四一）年八月二日、関東軍と参謀本部に衝撃が走った。ソ連軍が、国境方面の無線を封止したというのである。

無線封止はソ連側が攻撃を準備している証拠とされ、関東軍司令官の梅津美治郎からは、「敵の大挙空襲ある時は中央に連絡するも好機を失する時は独断進攻すべきことあるを予期す。予《あらかじ》め承認を乞《こ》う」との電信があった（軍事史学会『大本営陸軍部戦争指導班　機密戦

争日誌　新装版　上』)。ソ連軍が侵攻してきた時は好機を失わないため、独断で攻め込むことを許可してほしい、というのだ。参謀総長の杉山元は「国境内に反撃を止《とど》むることを原則とす」と返電したものの（同右）、陸軍内部は紛糾した。

参謀本部作戦部は、

㈠　航空作戦の本質上反撃を国境内に制限することなどあり得ず、所要に応じ追尾攻撃を必要とする、㈡　越境進攻が本格的の開戦に発展する可能性大《だい》である、この時初めて廟議《びょうぎ》を講ずるのでは戦機を失《しつ》する、㈢　関東軍司令官に独断開戦の責任を負わせるのは中央統帥の本旨ではない、（防衛庁『戦史叢書　関東軍〈2〉関特演・終戦時の対ソ戦』）

として、「常道ではないにしても、かかる場合の対策としては、開戦に関する事前方針を明確にしておくを要する、他に満足すべき対策なし」と主張した（同右）。

対して、陸軍省は参謀本部の意見に理解を示しつつ、「現地の陸軍指揮官に開戦を白紙委任する方式に対し政府及び海軍側が同意することなど絶対あり得ない」として反対した（同右)。この陸軍省側の意見には当然、武藤の見解が含まれているだろう。

そして、陸軍省側の意見の通り、海軍側の賛同は得られなかった。海軍は「南方の為《ため》北をやらぬ」思想であり、「徹底的に陸軍不信」であった。作戦部長の田中新一は海軍側の態度に憤激し、「陸軍は陸軍で勝手にやる。単独上奏大命《たいめい》を仰《あお》げば可なり」とまで述べて、海軍側との話を打ち切っている(軍事史学会『大本営陸軍部戦争指導班 機密戦争日誌 新装版 上』)。

八月六日に開かれた大本営政府連絡懇談会において、「日『ソ』間の現情勢に対し帝国の採るべき措置に関する件」が決定されたが、そのなかには「『ソ』側の真面目なる進攻に対しては防衛上機《き》を失《しっ》せず之《これ》に応戦す」「右に伴う帝国の態度に関しては速《すみやか》に廟議を以《もっ》て決せらる」とある通り、関東軍の役割はソ連の「真面目なる進攻」への反撃とされ、戦争の決定はあくまで政府の決断によることになったのである(参謀本部『杉山メモ(普及版) 上』)。

問題は、この時の会議の雰囲気である。石井秋穂の回想によれば、この会議で看取された空気は「満洲事変以来の陸軍殊《こと》に参謀本部への警戒心が一度に爆発的に露見された」ものだったという。石井は、次のように説明する。

小さい拠《よ》りどころを作っておいて、それを楯《たて》に事《こと》を起《おこ》したり拡大したりするという悪い印象が陸軍部外の人々には滲《し》み込んでいたのだ。今回は、ソ連から攻撃を受けないのに受けたと称して大攻勢を開始し遮二無二《しゃにむに》戦争に持っていく魂胆とみて取ったのである。

（石井秋穂「昭和十六年後半期の最高国策 補正」）

そのため、会議では「真面目なる進攻」をめぐって議論が起き、結果的に原案通り採択されたものの、参謀総長の杉山が「文章があまりこった書方《かきかた》をしてあるので議論が多かったものと思う」（参謀本部『杉山メモ（普及版）上』）、と述べる事態となった。石井の言うように「ソ連からの攻撃を受けないのに受けたと称して」攻撃を開始するのではないか、と疑われたのである。

こうして、参謀本部作戦部が望む対ソ戦は次第に遠のいていった。先の服部発言にあるように、対ソ戦には冬季までという時間的制約があり、もはや時期はすでに去ったと見られた。戦争指導班の八月九日の日記には「年内対『ソ』武力解決は行わざるを立前《たてまえ》とすることに決す」と記されている（軍事史学会『大本営陸軍部戦争指導班 機密戦争日誌 新装版 上』）。同日の日記には「南方に対しては十一月末を目標として対英米作戦準備を促進す」とも記され（同右）、陸軍の目は大きく南方へと向けられることになる。

アメリカの対日石油禁輸

日本は独ソ戦への対応に追われるなかでも、当然ながら対米交渉は続けられ、自らの生存のために資源を求めて南方へと進出した。しかし日本の南方進出は、それによってさらなる対米関係の悪化をもたらすという悪循環に陥《おちい》ってゆく。

昭和十六（一九四一）年七月十四日、日本は、ドイツの傀儡《かいらい》政権であるフランスのヴィシー政府に、南部仏印（現・ベトナム南部）への進駐を要求。二十一日には、その了承を取り付ける。進駐は二十八日から行われた。南部仏印は、ゴム、錫《すず》、タングステンなど軍事的な重要物資の供給源であった。同時に、マレーやシンガポールなどのイギリス植民地、アメリカ領フィリピンなどへのさらなる南方作戦が必要となった際、軍事基地として重要な拠点となる場所でもあった（川田稔『昭和陸軍の軌跡』）。

これに対する、アメリカの反応は厳しかった。七月二十四日、野村吉三郎駐米大使はルーズベルト大統領と会見し、大統領から「従来輿論《よろん》は日本に対し石油を禁輸すべし」と強く主張していたが、自分（ルーズベルト）は「太平洋平和維持の為《ため》に必要なり」と説得してこれに応じなかった、しかし日本の南部仏印進駐によって「今や其《そ》の論拠を失うに至れり」と、「石油の禁輸あるべきを仄《ほの》めか」されている（外務省『日本外交文書 日米交渉一九四一年 上巻』）。

ルーズベルトの「太平洋平和維持の為に」日本への石油の輸出が必要という言葉は、裏を返せば「石油の禁輸」は戦争への道を開く可能性が大きくなることを意味する。そして、ルーズベルトの言葉は単なる「仄めかし」には終わらなかった。

七月二十五日、アメリカは在米日本資産を凍結、イギリス・オランダもこれに倣《なら》う。八月一日、ついにアメリカは、日本への石油の輸出を全面的に禁止した。石油の大部分をアメリカからの輸入で賄《まかな》っていた日本にとって大打撃である。八月二日の「機密戦争日誌」には「対米戦争は百年戦争なり」とされ、石油が禁輸されれば「遂《つい》に百年戦争避《さ》け難き宿命なり」とも記されている。対米戦争は俄然《がぜん》、現実味を帯びてきたのである。

こうして、独ソ戦に応じて北方（ソ連）への睨《にら》みを利かせながらも、対米関係の悪化によって南方進出と対米開戦の機運は着々と高まってきた。そのうえで、八月九日に対ソ攻撃が遠のくと、陸軍の目はより南方へと向けられるようになる。

八月二十日を過ぎたある日、痔《じ》の治療のために入院していた西浦進のもとへ、武藤が見舞いに来た。西浦によれば、この時の武藤は「心配そうな口振《くちぶ》り」で「愈々《いよいよ》戦争を覚悟して対米交渉を始めるというとりきめをすることになった」と漏《も》らしたという（西浦『昭和戦争史の証言』）。西浦が「熱心な対米妥協論者だった」（同右）と呼ぶ武藤でさえ、この段階では対米戦争不可避の思いが強くなっていたのである。

アメリカの石油の禁輸によって、日本の対米交渉には時間という足枷がはめられた。近代戦を戦うのに不可欠な石油を自力で賄えない日本にとって、備蓄した石油が尽きないうちに、何らかの行動に移す必要があった。「『決意』が遅れればそれだけ『油』を消耗し、不利な戦争を強《し》いられる」ことになる（波多野『幕僚たちの真珠湾』）。いよいよ選択肢が狭くなった。

近衛・ルーズベルト会談

昭和十六（一九四一）年八月二日、アメリカによる石油の対日禁輪を知った軍事課高級課員の石井秋穂は、「帝国は直《ただ》ちに開戦を決意し作戦準備を進むべし」という「判決文」を書いて武藤のもとへ持っていった。武藤は「まあよそと話してみろ」と述べたという（石井秋穂「石井秋穂大佐回想録」）。

石井は、その「判決文」を戦争指導班の有末次《やどる》（精三の弟）班長と種村佐孝《たねむらすけたか》に見せたところ、二人とも「沈黙、慎重」だった（同右）。しかし、そこへちょうど作戦課戦力班長の辻政信が指導班を焚《た》きつけるためにやって来て、石井の案に大きく賛同した。

「ほゝう、陸軍省がよく決心してくれました。頑張っているのは誰ですか。（木戸幸一《きどこういち》）内大臣なら私が行って話してやります。私の命は惜《お》しくありません」と。次《つい》で彼は第二十班に対し「今が絶対のチャンスだ。早く決心しろ」と吹きかけた。

（石井「石井秋穂大佐回想録」）

辻の意見は参謀本部の代表ではないものの（波多野『幕僚たちの真珠湾』）、省部に漂《ただよ》っていた空気の一端を知ることができる話だ。武藤が石井に「よそと話してみろ」と言ったのは、何とか対米交渉を継続したいという思いと同時に、こうなっては開戦も視野に入れなければならない、という複雑な胸中から出たのだろう。

政府のほうでも、悪化した日米関係を好転すべく、首相の近衛文麿が大胆な手を打とうとしていた。彼は、ハワイのホノルルでルーズベルト大統領と頂上会談を行い、一挙に問題の解決を図ろうとしたのである。八月五日、近衛は陸相の東條英機と海相の及川古志郎《おいかわこしろう》に対して、首脳会談を行う決意を述べている。

> 其《そ》の際、彼〔ルーズベルト〕にして了解せざれば、席を蹴《けっ》て帰るの覚悟を要するは固《もと》よりなり。従《したがい》て対米戦の覚悟をきめてかゝる事柄《ことがら》で、大統領と直接会《あい》て遂《つい》に了解を得られなかったと云《い》う事であれば、国民に対しても、真に日米戦止《や》むを得ずとの覚悟を促《うなが》す事になり、又《また》一般世界に対しても侵略を事《こと》とするのではなくして太平洋平和維持の為《ため》には此《こ》れ丈《だ》け誠意を披瀝《ひれき》したのである事がはっきりして、世界輿論《よろん》の悪化を幾分

にても緩和し得る利益あり。　　　　　　　　　（木戸『木戸幸一日記　下巻』）

つまり近衛としては、ルーズベルトとの頂上会談で問題を解決する、解決できなくてもやるだけはやったということで、対米戦になっても国民と世界に対して申し訳が立つということになる。

これに対して、ルーズベルトのほうも会談に前向きなメッセージを出し、会談場所としてアラスカのジュノーを提案するなど好意的な態度を見せた。しかし、表面的には好意的でも、根本的には日本への不信感が根づいていた（古川『近衛文麿』）。アメリカ政府は九月三日、会談に先立って具体的な条件の検討が必要だと打診してきたのである（外務省『日本外交文書　日米交渉一九四一年　上巻』）。

それでも、日本側は首相に随行して会談に望むメンバーの人選を行っていた。そのなかには武藤も含まれていたが、結局、この会談は実現しなかった。

対米戦争の準備

昭和十六（一九四一）年九月一日、陸軍省の部長会報において、武藤は気になる発言を残している。

注意を要するのは左翼である。彼等は近来《きんらい》強硬論を唱え政府と国民とを離間《りかん》せしめんと図りあり。右翼の方はそんな頭のまわる謀略をやらぬから心配は要《い》らぬ。

（波多野・茶谷『金原節三陸軍省業務日誌摘録　前編』）

左翼が対米強硬論を吹聴し、政府と国民の離間を図っている、というのだ。対米関係が危機的状況に陥っていることは重々承知しつつ、左翼の「謀略」によって政府と国民が離れ、さらなる状況の悪化がもたらされることを、武藤は懸念しているのである。現に、日米交渉に力を入れる近衛文麿首相に反対し、暗殺を計画する連中もいた。

しかし、陸海軍の総意としては、もはや対米開戦は「早急にやらなければならない」ものとなっていた。九月三日の大本営政府連絡会議で、海軍・軍令部総長の永野修身《ながのおさみ》は次のように説明している。

帝国は各般の方面に於《おい》て特に物が減りつつあり、即《すなわ》ちやせつつあり。之《これ》に反し敵側は段々《だんだん》強くなりつつあり。時を経《へ》れば愈々《いよいよ》やせて足腰立たぬ。又《また》外交に依《よ》ってやるのを忍《しの》ぶ限りは忍ぶが適当の時機に見込《みこみ》をつけねばならぬ。到底《とうてい》外交の見込なき時、戦《いくさ》を避け得ざる時になれば早く決意するを要《よう》する。今なれば戦勝の「チャンス」あることを確信するも、此《こ》の機は時と共になくなるを虞《おそ》れる。

（参謀本部『杉山メモ（普及版）上』）

続けて、参謀総長の杉山元が発言し、軍の動員や船舶の徴傭《ちょうよう》に時間がかかることから、「十月上旬には外交の目途《もくと》をつけて出来なければ」開戦すべし、と主張した（同右）。杉山が開戦を急いだことの背景には、やはりソ連への対応があった。

其《そ》のわけは二月迄《まで》は北は大作戦は出来ぬ、北の為《ため》には南の作戦は早くやる必要あり。

今直《ただち》にやっても明春初《はじ》め迄かかる、遅くなればそれだけ北に応ぜられぬ。故《ゆえ》に成《な》るべく早くやる必要あり。　（同右）

参謀本部は、南方における軍事行動を早急に片づけ、返す刀でソ連に対処しようとしたのである。こうした陸海軍の主張によって、この日に承認されたのが、「帝国国策遂行要領」（以下、国策遂行要領）である。

九月六日、国策遂行要領は御前会議に提出され、決定した。具体的に見てみよう。

一、帝国は自存自衛を全《まっと》うする為《ため》対米、（英、蘭）戦争を辞《じ》せざる決意の下《もと》に概《おおむ》ね十月下旬を目途《もくと》とし戦争準備を完整す。

二、帝国は右に並行して米、英に対し外交の手段を尽《つく》して帝国の要求貫徹に努《つと》む。対米（英）交渉に於《おい》て帝国の達成すべき最少限度の要求事項竝《ならび》に之《これ》に関連し帝国の約諾《やくだく》し得る限度は別紙の如し。

三、前号外交交渉に依《よ》り十月上旬頃に至るも尚《なお》我要求を貫徹し得る目途なき場合に於ては直《ただ》ちに対米（英、蘭）開戦を決意す。（「昭和16年9月6日　帝国国策遂行要領」）

難色を示した昭和天皇

国策遂行要領が決定された御前会議は、平穏なものではなかった。御前会議を御前会議たらしめている、昭和天皇その人が難色を示したのである。まず、御前会議開催を求めた昭和十六（一九四一）年九月五日の御下問《ごかもん》において、天皇の意思が示された。昭和天皇は、御前に出た杉山元・永野修身両総長に対して、

「成《な》るべく平和的に外交でやれ。外交と戦争準備は平行せしめずに外交を先行せしめよ」

（参謀本部『杉山メモ（普及版）上』）

と注意している。さらに奉答が進むと、昭和天皇は日中戦争勃発時の陸軍大臣だった杉山の発言を持ち出して「お前の大臣の時に蔣介石は直《す》ぐ参《まい》ると云《い》うたが未《いま》だやれぬではないか」と問い詰め、杉山が国力に余裕がある時に開戦しなければならない旨を述べると、

「絶対に勝てるか」と「大声にて」質《ただ》している（同右）。

翌日の御前会議当日には、明治天皇の「四方《よも》の海みな同胞《はらから》と思う世になど波風の立騒《たちさわ》ぐらむ」という平和を願う御製《ぎょせい》を読み上げ、改めて戦争回避の意思を示した。武藤もこの会議に参加していたが、戻ってくるなり、次のように述べたという。

帰って来た武藤氏はわれわれを呼び「戦争など飛《と》んでもない。俺が今から読み聞かせる」とて速記録を読んだ。そして「これは何でも彼《か》んでも外交を妥結せよとの仰《おお》せだ。一つ外交をやらんにゃいけない」と言った。

（石井「石井秋穂大佐回想録」）

御前会議で天皇が発言するのは異例の事態である。そのぶん、武藤も衝撃が大きかったに違いない。

武藤の限界

石井秋穂の回想は、次のように続く。

私は御前会議の模様から判断してもはや戦争は有《あ》り得ないとの見透《みとお》しをつけいろいろ考えた上《うえ》、作戦課長服部〔卓四郎〕の処《ところ》へ行き「これでは戦争にはならぬ。仏印の北に兵を向けて滇越《てんえつ》鉄道沿いに重慶攻撃という方針になると前途を判断する。よって作戦当局は抜かりなきよう」と善意の忠告をした。

（石井「石井秋穂大佐回想録」）

石井は国策遂行要領は決定されたものの、天皇の「御意向」がこのように表明された以上、戦争はありえないと判断したのである。しかし、石井の発言を受けた服部卓四郎は「何故か」と不機嫌になり、石井と議論になった。

私は「外交で目的を達してもいけないというのか」と問うと彼は「いけない。今の中にやっておかぬと動けなくなる。いくらでも理由を具体的に説明してやろうか。陸軍大臣として目下努《つと》むべきことは毎日毎夜でも参内して天皇陛下に開戦の必要を上奏することだ」と色をなして激《げき》した。

（同右）

作戦を司る参謀本部としてはあくまで軍事行動を主に考えており、外交による交渉の妥結は優先されなかったのである。

その参謀本部のなかで、武藤にプレッシャーをかけてきたのは作戦部長の田中新一であった。田中は「毎日のように軍務局長の武藤中将の所へ押《お》しかけて来て膝《ひざ》詰《づ》め談判《だんぱん》」を行い、時には双方激してきて怒鳴り合いとなり、「いまにもつかみ合いが始まりそう」な勢いだったという（二宮義清「半生の記　其二」）。

同様の記録は、石井秋穂も残している。昭和十六（一九四一）年十月一日、田中が軍務局長室に怒鳴り込んできて、石井が駆けつけると、田中は捨て台詞《ぜりふ》を吐いて出ていったという。石井いわく、田中が去ったあとに武藤は大声で次のように述べたという。

「アイツになんぼう教えてやっても解《わか》らぬ。もう今日は、オレは戦争が嫌いだと言っといた」と。そしてやおら着席し、眼鏡をかけながら声を落として加えた。「オレがこの椅子に着き静かに想《そう》を練《ね》って政策を推進しようと考えていたのに、アイツとの調整で精魂が尽きる。これでは何《な》んにも出来ない」と。

（武藤・上法『軍務局長　武藤章回想録』）

これほどまでに述べた武藤であっても、対米交渉において闇雲《やみくも》に譲歩しようとしていたわけではない。十月二日、駐米大使の野村吉三郎から、改めて日米首脳会談の不可を告げるハル国務長官の覚書《おぼえがき》が送られてきたが、そのなかに、日本が中国の領土を軍事的に占領していることを非難する部分があった（外務省『日本外交文書　日米交渉一九四一年　下巻』）。つまり、日本が中国から撤兵しなければ首脳会談には応じられないというのである。

武藤のみならず、陸軍軍人にとって中国大陸における駐兵は譲《ゆず》ることのきわめて難しい一線であった。十月八日、武藤は陸軍省の局長会報でこの電信について説明し、次のように述べている。

従《したが》ってこの米の覚書に対して無制限に同意すること能《あた》わず。例《たと》えば撤兵問題についても今遽《にわ》かにこれを実施することは出来ぬ。すなわち日本としては目的を達成するためには相当長期にわたり駐兵せざればあぶはち取らずになるわけである。……これを要するに日本としては米の申出《もうしで》に対し無条件に同意するというがごときは到底《とうてい》出来ぬ相談である。すなわち日米間の意見は原則として根本的に相違あり。しかし米国はもともとこの種の文章の表現は頗《すこぶ》る巧妙である故《ゆえ》、文字通り日本に対して表面真正面から反対して居るのか、あるいは日本の態度には同調しながら《ママ》も反対をしておるか不明の点もある。明瞭に両者の意見が根本的に相反することになったならば問題でないが、文章表現上だけのことだとすると別である。すなわち、その真意がなお明瞭ならずというのであれば外交上折衝の余地無《な》きにしも非《あ》らず。

（波多野・茶谷『金原節三陸軍省業務日誌摘録　前編』）

武藤、というより陸軍にとっては、大きな犠牲を払って占領した中国より無条件に撤兵することは、「あぶはち取らず」の結果になるため、どうしても避けねばならないことだった。同時に、アメリカの真意を測《はか》りつつ、「外交上折衝の余地無きにしも非らず」と、最後まで外交交渉に期待も寄せていた。結果からすれば、それは淡《あわ》い期待と言えたかもしれないが、武藤は必ずしも、戦争ありきだったわけではない。

しかし、駐兵を譲れない陸軍と政府の溝《みぞ》は大きくなっていった。十月十二日に開かれた五相会議（首相、陸相、海相、外相、企画院総裁）において、陸相の東條英機は「妥結の見《み》込《こみ》なしと思う」として、九月六日決定の国策遂行要領の実行、すなわち開戦の決意を促した（参謀本部『杉山メモ（普及版）上』）。

対する首相の近衛文麿は、これに抵抗して「戦争に私は自信ない、自信ある人にやって貰《もら》わねばならぬ」と辞職を仄めかすも、東條は「駐兵問題は陸軍としては一歩も譲れない」「下のものをおさえて居《い》るので軍の意図する処《ところ》は主張する、御前《ごぜん》でも主張する考えなり」と強硬だった（同右）。

近衛は山本《やまもと》五十六《いそろく》連合艦隊司令長官との会談などから、アメリカを相手とした長期戦は不可能と考えており、そのために戦争回避を模索し続けていた（古川『近衛文麿』）。

五相会議後、武藤は陸軍省の意図として「海軍側にてもし開戦反対と云《い》うことならば、海軍なくして戦争は出来ぬ次第とて、それに承服のほか」ない旨を、富田健治書記官長を通じて海軍側に伝えたものの、海軍上層部は中堅層の反発を恐れて「戦争開始不可」を言明するには至らなかった（小山完吾『小山完吾日記』）。

武藤は海軍側が開戦不可能と言えば陸軍を抑えられる、と考えたのである。しかし、それは叶わなかった。

こうして、陸軍との埋めがたい溝に直面した近衛は、とうとう十月十六日に総辞職を行った。後任の首相として大命が下ったのは、近衛辞職の原因ともなった東條であった。東條内閣の誕生である。いよいよ日米交渉は山場を迎えることになった。

第六章

軍務局長(3) 開戦へ

東條英機内閣の誕生

東條英機を首相に奏薦したのは、内大臣の木戸幸一である。木戸は昭和十六（一九四一）年十月十七日、首相経験者らを集めた重臣会議において、「此際《このさい》何よりも必要なるは陸海軍の一致を図ることと九月六日の御前会議の再検討を必要とするとの見地《けんち》」から、東條への大命降下を主張した（木戸『木戸幸一日記 下巻』）。

近衛文麿首相と東條陸相との対立は近衛内閣総辞職の原因でもあるが、木戸は東條という陸軍の代表者を首相に任命することにより、陸軍自らが国家国民に対して責任のある立場に立てば、慎重に考えるだろうと踏んだのである（古川隆久『東条英機』）。

実際、大命降下は東條に強い衝撃を与えた。十月十七日に参内した東條は、木戸から「本日はお椅子を賜《たま》わらぬ」旨を告げられ、「お叱《しか》りかな」と独り言を述べて御前に出た（伊藤隆・廣橋眞光・片島紀男編『東條内閣総理大臣機密記録』）。

しかし、東條は大命降下を受ける。そして、退下《たいげ》後は明治《めいじ》神宮、東郷《とうごう》神社を参拝して、それぞれの神社の宮司を驚かせた。この間、「秘書官には何も話をされず無言なりき」（同右）というから、東條の深刻な心中を物語っている。東條は、東郷神社参拝から靖国《やすくに》神社に向かう車中で、ようやく大命を受けたことを語った。

「お叱りかと思ったら大命を拝した。恐懼《きょうく》御返事申上《もうしあ》げ得なかったら、お上《かみ》から、暫時《ざんじ》猶予を与える、及川〔古志郎〕海相も呼んで東條に協力するよう命じた。木戸内相ともよく相談して組閣の準備をする様《よう》、仰《おお》せ出され、只々《ただただ》恐れ入り、此《こ》の上《うえ》は神様の御庇護《ごひご》により、組閣の準備をする外《ほか》なしと考えて、かく参拝する次第である……」

（伊藤他『東條内閣総理大臣機密記録』）

陸相官邸では、東條の戻りを武藤や陸軍次官の木村兵太郎らが待ち構えていたが、東條は「やあ」と言ったきり、官邸の日本間に入ってしまった（武藤『比島から巣鴨へ』）。

当時、内閣情報局に勤務していた松村秀逸大佐はこの日、政変の噂を聞き、帰りに陸軍省に寄ると、武藤はじめ軍務局課員らが官邸裏の芝生に椅子を出して集まっていた。そこで松村は、武藤から次のような話を聞かされる。

「和戦《わせん》のことは、国家の興亡に関する大事なことだ。内閣の二つや三つ倒れても、やむを得ないだろう。殊《こと》にアメリカとの戦争は、海軍が主役だ。その海軍に自信がなければ、根本的に考え直さなければならない。むつかしい時局だ。多分《たぶん》、後継は東久邇《ひがしくに》さんだョ」（松村『大本営発表』）

「東久邇さん」とは、皇族の東久邇宮稔彦王《ひがしくにのみやなるひこ》（大将）のことである。東條の秘書官のメモによれば、この時、東條、武藤、木村は大臣室で懇談している。武藤は陸軍の希望する閣僚名簿を東條に提出するが、東條は「本日よりは陸軍だけの代表者にあらざるを以《もっ》て、公正妥当な人選をしなければならぬ」と述べている（伊藤他『東條内閣総理大臣機密記録』）。

かくして、東條は組閣を進め、首相と陸相を兼任することになった。陸相が首相になったことで、自然と陸軍省の政治幕僚である軍務局長の役割は大きくなる。武藤もまた、東條と共により大きな責任を負うことになった。

武藤が東條の直接の部下になったのは、第二次近衛内閣で東條が陸相になった時からだ。その出会いは昭和六（一九三一）年、武藤が参謀本部作戦課兵站班長だった頃に遡《さかのぼ》る。当時、東條は大佐で編制動員課長だったが、仕事で武藤をひどく叱ったことがあった。武藤は直接の上司でもない東條に「頭ごなしに叱られた」ことに腹を立てたが、東條は翌日、参謀本部の廊下ですれ違った際に「昨日は云《い》い過ぎだった、失敬」と言ったという（武藤『比島から巣鴨へ』）。

武藤はこれ以降、東條と「公務は固《もと》よりだが、なにかの機会に顔が会えば話はするが、個人的に手紙の往復や私宅訪問をすると云《い》う友人関係は勿論《もちろん》なかった」という（同右）。要するに、顔見知り程度で、それほど深い関係はなかったということだ。

ジレンマ

日米交渉のネックとなり、対米開戦の根拠となっているのは、昭和十六（一九四一）年九月六日の御前会議で決定された国策遂行要領である。これは、「御前で決定した」権威により、陸軍の強硬派にとっては軍事行動を促す根拠となっていた。陸相時代の東條英機もまた、「御前会議決定」の履行を、首相の近衛文麿に迫った。

しかし、その東條が首相に指名されると、様相が変わる。十月十八日、東條が閣僚名簿を捧呈《ほうてい》し、親任式が行われた際、天皇から再び日米交渉を白紙から始めるように申し渡されたのである。

特に日米交渉については従来の行きがかりを捨て、白紙にかえし改めて審議すべき仰《おお》せに従い、直《ただち》に大本営政府連絡会議を続け、連日深夜《しんや》深更迄《しんこうまで》に及んだ。

（伊藤他『東條内閣総理大臣機密記録』）

こうして、九月六日の御前会議決定は天皇自らの手によって覆され、再び日米交渉への道が開けた。しかし世間では、東條が近衛内閣を倒して自身が首相となったと考え、いよいよ対米英開戦に舵《かじ》を切ったとの誤解もあったようだ。十月二十二日、陸軍省の局長会報で武藤は次のように述べている。

今回の内閣更迭《こうてつ》の経緯：東條大将が総理となりたるをもって直《ただ》ちに対英米戦が始《はじま》るものと速断するのは誤《あやまり》なり。……すなわち支那事変解決の条件において意見の不一致を来《き》たせるものにて国策そのものに関する意見対立に非《あ》らず。……もちろん陸軍としても今直ちに開戦すべしとつっぱった訳《わけ》でなく、ただ対米交渉の結果、その推移如何《いかん》によりては開戦も止《や》むを得ずと主張しあるのみ。内閣更迭により、この支那事変の解決の条件は不変となりたり。この条件についても一定の限度あり。

（波多野・茶谷『金原節三陸軍省業務日誌摘録　前編』）

武藤は、東條内閣の出現が即時開戦を意味しないことを強調すると同時に、それでも陸軍として「支那事変解決の条件」は譲歩できない「不変」なものであると説明している。いっぽうで武藤は石井秋穂に、東條に対して次のように進言したと述べている。

「国民は長い支那事変にあ〔飽〕いております。閣下が外交に成功して平和をかち取られたら、国民からこの上《うえ》もなく感謝されるでありましょう。どうしても止むを得ず戦争に突入した場合は、その止むを得ざる事情を説明すれば日本国民は随《つ》いて来てくれるでしょう」

（武藤・上法『軍務局長　武藤章回想録』）

武藤によれば、「大臣は目を輝かして聞いて」いたという（同右）。武藤としても、本心は長引いている中国との戦争を止めたかった。それは、盧溝橋事件が発生した時に、拡大派の一人として活動した後悔のようなものもあったかもしれない。

それでも、無条件に撤兵する選択は取れなかったのである。対米交渉を成功させるためには日中戦争を解決し、撤兵を実行する必要がある。しかし、これまで多大な犠牲を払って占領した地域から、無条件で撤兵することはできない。武藤らのジレンマはここにあった。

戦争回避のための非常手段

対米交渉の可能性が大きくなったのは、昭和天皇自《みずか》らの言葉によって、御前会議で決定した国策遂行要領における「十月上旬頃に至るも尚《なお》我要求を貫徹し得る目途なき場合」という条件が緩和されたことだ。

こうして、首相の東條英機は改めて国策再検討を行い、陸軍省は対米交渉の道を探ることになった。ただし、参謀本部の観察は違ったようだ。

第一部長直接総理と会談せる結果なるが、総理は鞏《きよう》固《こ》なる決意を有《ゆう》しありとて気分朗《ほが》かなるが如し。陸軍省若手連も亦《また》決心軟《なん》化《か》せるにあらずと果《はた》して然《しか》らば大いに可。但《ただ》し局長の灰色的存在は不可解なり。

（軍事史学会『大本営陸軍部戦争指導班　機密戦争日誌　新装版　上』）

方針の変化を心配する参謀本部に対して、東條は密かに方針転換を決意しつつも話を合わせたのであろう。参謀本部側も方針は変化しないという、ある程度の色眼鏡で様子を見ていたかもしれない。そのようななか、武藤は「灰色的存在」に見えたようだ。

それというのも、昭和十六（一九四一）年十月二十一日、東郷茂徳《とうごうしげのり》外相から野村吉三郎駐米大使に「新内閣に於《お》いても公正なる基礎の下に於《お》ける日米国交調整に対する熱意は前内閣と異なる所なし」との文を含む電信を送っているが（外務省『日本外交文書　日米交渉一九四一年　下巻』）、これは外務省の欧米局長と亜細亜局長に、陸海軍・軍務局長も加わって協議したものだったからである。

しかも、これは参謀本部作戦部を無視して行われたらしく、戦争指導班は「外交中止の当部の要望を全然無視　武藤局長の策に過ぎて国家を害するの態度人知るや否や」と記している（軍事史学会『大本営陸軍部戦争指導班　機密戦争日誌　新装版　上』）。

参謀本部は、自分たちを無視して外交交渉を継続しようとする武藤に疑念を持ち、「灰色的存在」と警戒したのである。

十月二十日の石井秋穂の日記に「野村へ訓令を出すの件、参本〔参謀本部〕は打切《うちき》りを主張し頑張る」とあるように（石井「石井秋穂大佐日誌　其二」）、参謀本部はもはや交渉を行う気がなかったことがわかる。

いっぽう武藤は、東條内閣設立まもない頃、非常手段をも考えていた節《ふし》がある。海軍の岡敬純《おかたかずみ》軍務局長に対して、次のように述べている。

「東條は戦争をなし得ざる立場にあるも、参謀本部強く、如何《いかん》ともなし得ざる状況なり。自分は身を引き、道連れに参謀本部の有力分子をやめさせる心算《しんさん》なり」

（新名丈夫編『海軍戦争検討会議記録』）

武藤は、いわば、刺《さ》し違える覚悟で参謀本部の有力な人間を辞めさせることも検討していたのである。武藤と同じクラスで、参謀本部の有力人物と言えば、田中新一あたりだと思われる。

甲案と乙案

対米交渉を新たに担う外務大臣に任命されたのは、駐独、駐ソ大使などを歴任した東郷茂徳だった。東郷によれば、入閣に際して東條英機に次のように話したという。

自分が外務大臣に就任する以上は交渉成立に全力を尽《つく》すべきことを方針とするものであるから、陸軍側で駐兵問題について充分の余裕を以《もっ》て考慮し、かつその他の諸問題につきても再検討を加え相当の譲歩を為《な》すの覚悟があり、合理的基礎の上に交渉を成立せしむることを真に協力すると云《い》うに非《あら》ざれば入閣を承諾するわけに行かぬ……。

（東郷茂徳『時代の一面』）

東郷は交渉妥結のために最大のネックである駐兵問題の譲歩を持ち出したのだが、東條はこれに同意している（同右）。もちろん、無条件に全面的な撤兵を受け入れたわけではないが、ある程度譲歩すること（駐兵期間や規模など）はやむを得ないと考えていたのである。

東條内閣は新しい国策を決めるため、連日、閣議を開いた。そのなかでアメリカに提出する案としてまとめられたのが「甲案」と「乙案」であった。

甲案では、三国同盟について「自衛権の解釈を濫《みだ》りに拡大する意図なきことを更《さら》に明瞭にする」、仏印進駐は「支那事変にして解決するか又《また》は公正なる極東平和の確立するに於《お》いては直《ただち》に之《これ》を撤去すべし」などの譲歩を示したが、もっとも議論となったのは、やはり中国からの撤兵であった。具体的に見てみよう。まずは甲案から。

㈢撤兵問題

本件は左記の通り緩和す。

(A)支那に於《お》ける駐兵及《および》撤兵
支那事変の為《ため》支那に派遣せられたる日本国軍隊は北支《ほくし》及蒙疆《もうきょう》の一定地域及海南島《かいなんとう》に関しては日支間平和成立後所要期間駐屯すべく爾余《じよ》の軍隊は平和成立と同時に日支間に別に定めらるる所に従い撤去を開始し治安確立と共に二年以内に之《これ》を完了すべし。

(註) 所要期間に付《つき》米側より質問ありたる場合は概《おおむ》ね二十五年を目途とするものなる旨を以《もつ》て応酬するものとす。

(「17 十一月七日提示 甲案」)


これを受け入れられない場合の暫定案として東郷が提案したのが、次の乙案である。

一　日米両国は孰《いず》れも仏印以外の南東亜細亜及《および》南太平洋地域に武力的進出を行わざることを確約す。
二　日米両国政府は蘭領印度《インド》に於《おい》て其《そ》の必要とする物資の獲得が保障せらるる様《よう》相互に協力するものとす。

三　米国は年百万噸《トン》の航空揮発油《きはつゆ》の対日供給を確約す。

備考一　本取極《とりきめ》成立せば南部仏印駐屯中の日本軍は北部仏印に移駐するの用意あり。

二　尚《なお》必要に応じては従来の提案中にありたる通商無差別待遇に関する規定及《および》三国条約の解釈履行に関する規定を追加挿入するものとす。

（参謀本部『杉山メモ（普及版）上』）

これは、「一言でいえば、日米関係を、当面、南部仏印進駐（資産凍結）以前の段階まで引き戻そうという提案」であった（波多野『幕僚たちの真珠湾』）。

二つの「Risk」

昭和十六（一九四一）年十一月一日午前九時からの大本営政府連絡会議（同年七月に大本営政府連絡懇談会から名称が再変更）では、甲案、乙案のどちらで交渉を進めるか激論が交わされた。乙案を主唱した外相の東郷茂徳は、日中戦争に関する交渉を一旦棚上げし、南方のみに限って交渉を進めることを主張した。東郷と特に対立したのは、参謀次長の塚田攻である。

外務　自分は先《ま》ず従来の交渉のやり方がまずいから、条件の場面を狭くして南の方の事だけを片づけ支那の方は、日本自分でやる様《よう》にしたい、支那問題に米の口を容《い》れさせることは不可也《なり》、……度々《たびたび》言うように四原則の主義上同意など丸《まる》でなって居《い》ない、依《よっ》て自分は乙案でやり度《た》い……。

塚田　南部仏印の兵力を徹《てっ》するは絶対に不可なり、（とて之《これ》に付《つき》繰り返し反論す）乙案外務原案によれば支那の事には一言もふれず現状の儘《まま》なり又《また》南方から物をとることも仏印から兵を徹すれば完全に米の思う通りにならざるを得ずして何時でも米の妨害を受ける、然《しか》も米の援蔣は中止せず資金凍結解除だけでは通商ももとの通り殆《ほと》んど出来ない、特に油は入って来ない。此様《このよう》にして半年後ともなれば戦機は既《すで》に去って居《い》る、帝国としては支那が思う様にならなければならない、故《ゆえ》に乙案は不可、甲案でやれ。

（参謀本部『杉山メモ（普及版）上』）

塚田をはじめとする統帥部は、支那事変の解決を明記せずに南部仏印からの撤退を拒否し、日米交渉を続けることで「戦機は既に去って」しまうことを懸念していた。甲案で認められる条件でなければ、戦争に訴えるしかなく、その時期も先延《さきの》ばしにできない、ということだ。

東郷と塚田、参謀総長の杉山元の間に激論が続き、自説を譲らない東郷が辞職することで、内閣が倒れる恐れも出てきた。ここで一旦休憩を提議したのが武藤である。休憩の間、杉山、塚田、東條、武藤らは別室で打ち合わせを行った。

「南仏〔印〕よりの移駐を拒否すれば、外相の辞職即《そく》政変をも考えざるべからず。若《も》し然《しか》る場合、次期内閣の性格は非戦の公算多かるべく、又《また》開戦決意迄《まで》に時日《じじつ》を要《よう》すべし。此際《このさい》政変並《ならびに》時日遅延を許さざるものあり」（同右）

武藤らは、参謀本部の開戦への意思を逆手《さかて》に取ったのだ。もし東郷が辞職して内閣が替われば、次は非戦内閣になる可能性が高く、そうなれば開戦を決定するまでに余計に月日がかかる、というわけである。この説得に、統帥部は「不精《ふしょう》不精《ぶしょう》」同意し、乙案による交渉を受け入れることになった（同右）。ただし、乙案は文言が修正され、条項が一つ追加された。それが、

四　米国政府は日支両国の和平に関する努力に支障を与うるが如き行動に出《い》でざるべし。（同右）

というもので、要するに「援蔣」の停止であった。

外務省案で行くことは、参謀本部にとっては意外だったらしく、作戦部長の田中新一が参謀総長の杉山に文句を言ったらしいが、さすがに杉山も田中を叱りつけたという（武藤・上法『軍務局長　武藤章回想録』）。

武藤自身は、戦争回避そのものの難しさと同時に、いざ戦争になった時の先行きの厳しさも痛感していた。保科善四郎《ほしなぜんしろう》（海軍省兵備局長）は、この日の武藤の発言を次のように記録している。

三年後のRiskは物に即《そく》したるRiskなり。要は国力にあり。結局外交上の成功なき臥《が》薪嘗胆《しんしょうたん》となる。戦争をやれば希望なきRiskなり。結末は国際情勢の推移を待つの外《ほか》なし。

（保科善四郎『大東亜戦争秘史』）

結局、大本営政府連絡会議は日を跨《また》ぎ、二日午前一時過ぎまで続いた。東條と武藤は会議が終わったあとに陸相官邸に戻り、そこで待ち受けていた石井秋穂らに、会議の模様を簡単に話した。彼らはその後、武藤の自宅に行くと、さらに細かい事情を聞いた。そこで武藤は、石井に対して「乙案を米国が受け入れるかどうか」を尋ねた。即座に「受諾されるだろう」と答える石井に対し、武藤は悲観的だった。

之《これ》に対し局長は「そうかねえ」と言い一同暫《しばら》く沈黙した。ややあって局長は「援蒋停止の要求があるのでどうかねえ」と言ったが誰も発言しなかった。

（石井「石井秋穂大佐回想録」）

武藤は、乙案ですら交渉がまとまる可能性は低いと見ていたのである。

なぜ不合理な選択をしたのか

このように、武藤は日米開戦後の展望に悲観的だった。しかし、外交に託しても「三年後」には資源が底を尽きてしまうことは自明であった(牧野邦昭『経済学者たちの日米開戦』)。敗戦という結果を知っている現代の我々からすれば、「外交上の成功なき臥薪嘗胆」を採択したほうが良かった、と思える。日米の国力差については、武藤以外の政軍関係者も理解していたはずであり、「避戦」を選ばなかった当時の人々の決断はあまりにも不合理、不可解なものに見えがちである。

しかし、この一見、不合理に思える決断を説明する一つの理論がある。たとえば、次の二つの選択肢を考えてみよう。

a　確実に三〇〇〇円支払わなければならない。

b　八割の確率で四〇〇〇円支払わなければならないが、二割の確率で一円も支払わなくてもよい。

（牧野『経済学者たちの日米開戦』）

冷静に考えると、人間が「合理的」な行動を採用できるのであれば、aを取るはずであるが、実験をすると高い確率でbの行動を取る人が多いという。この行動を説明するのが経済学上のプロスペクト理論である。簡単に言えば、人間には「損失回避性」があり、損失が発生する場合にはすこしでもその損失を減らそうとする性質があるという。すると、aでは確実に損が発生するのに対し、bは低い確率であっても損失はゼロとなり、人間はそちらに魅力を感じてしまうのである（同右）。

これを、前項で紹介した武藤の発言にあてはめると、「三年後のRiskは物に即したるRiskなり」は、aに該当すると言っていいだろう。軍需物資の自給自足ができない日本にとっては、年数が経てば資源、特に燃料関係は枯渇して戦争そのものができなくなる。その場合、アメリカとの交渉はさらに不利なものにならざるを得ない。

いっぽうで、「戦争をやれば希望なきRiskなり。結末は国際情勢の推移を待つの外なし」

はbだろう。戦争をしても希望が持てず、さらに結末は国際情勢次第である。しかし逆に考えれば、可能性は少ないながらも国際情勢の推移如何《いかん》によっては、日本に有利な展開があるかもしれないということになる。

無論、戦争をすれば莫大な損失も考慮せねばならず、「Risk」の大きさは計り知れない。しかし、繰り返しになるが、「確実に損をする」よりも「より大きな損をする可能性があるが、低い確率で損を少なくできる」ほうに人は惹かれる。武藤をはじめとする軍や政府関係者に、こうした心理がなかったとは言えないのではないか。

『経済学者たちの日米開戦』では、宝くじを購入する人の心理が具体例として引き合いに出されている。冷静に考えれば当選する確率は低く、買わなければ、少なくともその分の金銭を失うことはないが、多くの人が「万が一」の可能性を主観的に大きく見積もって購入するのだという。

ハル・ノートの謎

昭和十六（一九四一）年十一月二日、すなわち甲案と乙案についての議論が行われた翌日の大本営政府連絡会議にて、改めて帝国国策遂行要領が採択された。ここで、とうとう開戦の時期を十二月初旬とすることが決定され、五日の御前会議で正式な採択を得た。

甲案、乙案は十一月四日に野村吉三郎駐米大使に送られた。野村はアメリカ側に対して、七日に甲案を示し、これが拒否されると二十日に乙案を提示した。

十一月二十六日、これに対する回答としてアメリカが非公式に提案したのが、ハル・ノート（覚書）である。ハル・ノートについてはあまりにも有名ゆえ詳細は省くが、中国や仏印からの警察力を含んだ撤兵、三国同盟の実質的撤廃という強硬なものであった。それは避戦派の東郷茂徳外相が「眼も暗《くら》むばかり失望に撃たれた」「戦争を避けるために眼をつむって鵜呑《うの》みにしようとしてみたが喉《のど》につかえて迚《とて》も通らなかった」と述べるほどだった（東郷『時代の一面』）。

反対に、参謀本部はこれを「帝国の開戦決意は踏切《ふみき》り容易となれり」「之《こ》れ天佑とも云《い》うべし」と記している（軍事史学会『大本営陸軍部戦争指導班　機密戦争日誌　新装版　上』）。

東郷と参謀本部は真逆の反応ながら、「これで開戦は決定的」との認識は共通していた。武藤もまた、「事《こと》ここに至っては日本は開戦を決意する外《ほか》なかった」（武藤『比島から巣鴨へ』）と回想し、アメリカの交渉態度について不満を吐露している。

私は当時考えた。もし四月以来の日米交渉がなかったらどうだろうと。日米交渉がなかったなら、事態が同一に悪化しても開戦の決意はなかなかむずかしい事であったろう。然《しか》るに最初の日米諒解案が非常に甘いものであり、それが逐次《ちくじ》辛いものとなって来る。日本は辛棒《しんぼう》しながら譲歩して来て最後に打切《うちき》りとなる。そこで皆一様に憤慨する。反対のしようがないのだ。私は日米交渉の経緯を考えて米国に一杯喰わされた感じがしてならない。

（武藤『比島から巣鴨へ』）

アメリカはハル・ノートを日本に手渡す直前まで、もっと妥協的な案（暫定協定案）を考えていた。本来であれば、これはハル・ノートと同時に日本側に手渡されるはずだったが、前日に突如、手交を取りやめている。

ハルが暫定協定案を放棄した理由は、未だはっきりとした定説がない。いくつかの説明としては、①中国やイギリスの反対、②日本軍の大兵力が南下しているという誤報、③中国が暫定協定案を先に公表してしまったこと、などが挙げられる。ただし、中国の反対についてはアメリカはさほど重視しておらず、イギリスも明確な反対はしていなかった。他の理由についても決定的と言えるものではなく、議論の余地が残っている（森山優「日米交渉から開戦へ」）。

「勝てる見込みはない」

ハル・ノートによって、日本側は避戦派も主戦派も戦争の決意を固めた、いや固めざるを得なかった。それは武藤も同様である。

昭和十六（一九四一）年十一月のある日、武藤はかねてより親しい湯沢三千男内務次官を訪ねた際、悲壮な言葉で「どうしても米国と戦う外《ほか》はない」と述べた。湯沢の「勝てる見込《みこみ》がついたのか」との質問に対して、武藤は湯沢が「永久に忘れることのできない返事」をした。

「勝てる見込はない、けれどもどうしてもやらなければならないのだ」と、彼は眼をつむるような風で答えたのであった。……簡単に彼の結論を書いて見ると、要するに「日本の国力は遥《はる》かに米国に及ばず、到底《とうてい》勝算はない。すでに勝算のない以上、戦わざれば米国に屈服の外《ほか》はない。屈服するとすればどうなるか。四年以来戦った中国から全面的に撤兵せねばならない。……日本の発展がここまできて、しかも遂《つい》に米国に対する屈服となれば、十年を出《い》でずして〔明治〕維新以来の日本の崩壊となり、維新前の四つの島にたち戻るより外はなくなるだろう。然《しか》らば戦った結果はどうなるか。敗戦の果《はて》、もちろん満州、朝鮮、台湾の放棄を余儀なくされるのは当然だが、日本の地位から見てもそれ以上の縮《ちぢま》りようはない。のみならず近世の歴史上、国を挙《あ》げて戦って敗れた大国にして、再び振《ふる》い立たない国はない。それは後代の青年が、戦時の祖国を追想して、奮起するからである。……この歴史の教ゆるところから見て、戦うも戦わざるも、四つの島にとじこもる破目《はめ》に陥るのは、同じことであるが、将来再び国が起《おこ》るか起らないかの大差がある。破れるのを覚悟で、戦わねばならない理由だ」

（湯沢『天井を蹴る』）

武藤がこのように発言したのであれば、半ばは勝ち目の少ない戦争を決断しなければならなかった自らへの説得であったのかもしれない。同じ「屈服」であれば、我々が国を挙げて戦ったことを想起し、子孫たちが奮起してくれることを願うべきだ、と。

ハル・ノートが手交された十一月二十六日午後四時過ぎ、石井秋穂は武藤のもとを訪れた。石井は大佐に昇進しており、軍務局から南方軍の参謀に異動することになっていた。翌日の出発を前に、別れを告げに来たのである。

武藤は、石井に次のように告げたという。

「とうとう努力の甲斐もなく戦争になりそうだ。折角御奮斗《ごふんとう》を願う」

（石井「昭和十六年後半期の最高国策　補正」）

それでも、「だが、もし和解と決《きま》ったら」石井には「大急ぎで帰ってもらい」、また仕事をしてもらうと付け加えている。武藤は、「ルーズウェルトの善意」に一縷《いちる》の希望を託していたのである（同右）。

しかし結局、石井が「大急ぎで帰って」来るような状況にはならなかった。かくして矢は弦《つる》を離れた。海軍・連合艦隊はアメリカ太平洋艦隊の根拠地ハワイを、陸軍はイギリス領マレーに上陸し、太平洋戦争は幕を開けたのである。

第七章

師団長として

開戦と晴れない心

対米戦争の是非について散々揉めていた陸軍内部も、いざ開戦が決定すると、それまでの煩悶が一掃され、一種の清々《すがすが》しさを感じている者たちもいた。

真に世界歴史の大転換なり。皇国悠久の繁栄は茲《ここ》に発足せんとす。百年戦争何ぞ辞せん。一億国民鉄石《てつせき》の団結を以《もつ》て勝利の栄光を見る迄《まで》邁進せんとす。

（軍事史学会『大本営陸軍部戦争指導班　機密戦争日誌　新装版　上』）

米英蘭に対しての開戦が最終的に決定された、昭和十六（一九四一）年十二月一日の戦争指導班の日記である。祖国の命運をかけた大戦争に対する参謀たちの気負った心情が看取される。

しかし、武藤の心は晴れなかった。開戦当時、陸軍省整備局戦備課長だった岡田菊三郎《おかだきくさぶろう》によれば、開戦が決まった時に誰かが武藤に「これですべてはっきりしました。蟠《わだか》まりがみな解けて結構ですな」と述べたという。すると武藤は、「そうじゃないぞ、戦《いくさ》はしない方がいゝのだ。俺は今度の戦争は、国体《こくたい》変革までくることを覚悟している」と返している（広瀬順晧監修『戦争調査会事務局書類　第8巻　15資料原稿綴二一(下)』）。

同時に、武藤は「然《しか》しそれではこのシャッポを脱いでアメリカに降参するか。凡《およ》そ民族の勃興するのと滅《ほろ》びるのとは、仮令《たとい》嚙みついて戦に敗《ま》けても、こういう境地に追い込まれて戦う民族は、再び伸びる時期が必ずある。こういう境地に追い込まれてシャッポを脱ぐ民族は、永久にシャッポを脱ぐ民族だ」とも述べている（同右）。

これは、前章で紹介した湯沢三千男への発言と同趣旨のものだ。戦争指導班の参謀らが日誌に記した意気軒昂《いきけんこう》たる心情とは違い、悲観しつつもそのなかに何とか希望を見出そうとする武藤の苦しい思いが見て取れる。

そして十二月八日、開戦。日本軍は陸海で快進撃を続けた。ハワイ真珠湾《しんじゆわん》とマレーでの成功に始まり、シンガポール陥落やインドネシア攻略、遅れはしたが、アメリカの領土であるフィリピンも手中に収めた。

武藤は戦争の行末《ゆくすえ》を悲観したからといって、虚脱状態に陥っていたわけではない。開戦から三週間ほど経った昭和十七（一九四二）年元日、外相の東郷茂徳を訪ね、「戦争はなるたけ急速に終結するのが日本にとり得策であるので、是非その方向に動かさるることを願望するが、それには東条〔英機〕大将に総理をやめて貰《もら》う必要がある」と述べ、さらに海軍大将（予備役）で元総理の岡田啓介に同様の話をしたという（東郷『時代の一面』）。

開戦直後、戦勝で沸《わ》き返る国内を尻目に、武藤は戦争終結について思考をめぐらせていた。そして、東條が開戦の責任者である以上、東條では戦争終結は難しいと考えていたのである。

今村均への不満

昭和十七（一九四二）年三月、武藤は南方占領地の視察に赴いているのだが、ビルマ（現・ミャンマー）のラングーンで第一五軍参謀長の諫山春樹《いさやまはるき》（熊本陸軍幼年学校の後輩）に会った際、次のような不満を漏らしている。

「図に乗ってやりやがる。あまり手をのばしてやるのはよくない。たいていにしめなきゃいかん」

（澤地『暗い暦』）

「なるたけ急速」に戦争終結を望んでいた武藤にとって、戦勝に浮かれる周囲の連中は「図に乗って」いるように見えたのだろう。

武藤の苛立《いらだ》ちのようなものが如実に現れているのが、蘭印（オランダ領インドネシア）を攻略した第一六軍司令官の今村均を訪れた際の問答である。武藤は人事局長の富永恭次と共に、バンドン市内にある今村の官舎を訪れ、シンガポールの軍政を引き合いに出して、今村のジャワ軍政を批判した。

「シンガポールを視察しますと、〝日本国の威力ここに及べり〟の感に打たれますが、ここでは〝オランダの威令はまだ一掃されていない〟と感じられ、やがて原住民までが、オランダに対する屈服心を、もたげるかも知れません」

（今村均『私記・一軍人六十年の哀歓』）

今村のジャワでの軍政は寛容なもので、敵軍であっても比較的自由に生活を送ることができた。たとえば、オランダ人が妻子を連れて夕暮れの街を散策し、ほろ酔いの顔を潮風に当てる風景も見られたほどだった（伊藤正徳監修、週刊文春編集部編『人物太平洋戦争』）。

武藤はこうした情景を見て、たるんでいると考えたのかもしれない。今村は、これに対して反論した。

「十人十色に見ましょう。貴官がそう観察されることは間違いだとはいわない、見解の相異だけのことです。が、いま貴官の申された強圧政策が、新しい中央の方針として、大臣から指令されれば、軍はそれに従わなければなりません。……せっかく遠路やってこられての説得ですが、新要綱の発令を見るまでは、私のジャワ軍政方針は、変えることは致しません」

（今村『私記・一軍人六十年の哀歓』）

結局、武藤と今村の意見は一致しなかった。武藤は南方視察を終えて帰国したが、その直後、彼は思わぬ命を受けることになる。激動の時期に二年半過ごした軍務局から去り、その生涯で最初で最後となる部隊長勤務に就くことになったのである。

東條英機との確執

武藤は昭和十七（一九四二）年四月、ジャワのスマトラ（現・インドネシアを構成する島嶼《とうしょ》）にあった近衛師団の師団長に親補される。武藤がこの時期に転出した理由は定かではない。本人はこの異動について、次のように回想している。

人々は私の転任について色々下馬評《げばひょう》したが、私にはそんなことはどうでもよいのだった。軍務局長の不愉快さはやって見ねば解《わか》らぬことで、これを解放されたのだから嬉しいに決《きま》っている。

（武藤『比島から巣鴨へ』）

武藤が言及するように、その転任には「色々下馬評」があったようだ。しかし、本人は強く否定している。「嬉しいに決っている」は本心だろう。武藤は大佐時代に待望の連隊長にはなれず、長く参謀として勤務したあと、ようやく師団長、それも精鋭の近衛師団長として「軍人の本務」とも言うべき部隊指揮官の勤務に就くことができたのである。中央の煩わしい人間関係その他から解放された喜びも当然あっただろう。

反面、この人事に不満というか反発のようなものもあったと思われる。戦後、武藤は東京裁判の休憩時間に、矢次一夫に対して「僕の追い出された理由を君は知っているか」と聞いた。矢次は「もちろん知っている」と答えたが、詳しく話すことはなかった（矢次「陸軍軍務局の支配者」）。

「追い出された」という言い方には少なからず、自らの意に反してというニュアンスが含まれている。矢次もここで説明しなかった理由について「彼の追い出しに関係のあった若干の人々」が同じ裁判を受けている現在、詳しく説明することは、武藤の心に「無用の小波を立てる」ことになるから、と記している（同右）。

同じ法廷には多数の政府要人がいたが、武藤の転出と関係すると言えば、やはり上司である東條英機だろう。開戦直後に武藤が外務大臣の東郷茂徳のもとを訪れ、早期の和平とそのためには東條以外の人物が内閣を担当する必要を述べた件については前述した。こうした武藤の言動が東條の耳に入っていれば、軍務局長の立場から外《はず》れた政治的行動をしていると考えた可能性はある。

南方視察から帰った武藤がスマトラへの転任を告げられた際、「東条は政治亡者になったのか。クーデターを起こして東条を倒すか。このままではズルズルと亡国だ」とまで述べたという（小田桐誠「日米開戦に反対だった東条英機〝三年間の軌跡〟」）。武藤の下で外交班長を勤めていた二宮義清《にのみやよしきよ》は、次のように述べている。

武藤さんは卓抜な能力を持って居《お》り、時々思い切った事を勝手にやったり又其《またその》卓見は大臣を凌《しの》ぐこともあるので東條さんのお気に入らなかったらしい。

（二宮「半生の記　其一」）

「思い切った事」は東條からすれば「大臣を無視した独断先行」に見えたことだろう。二人の仲が険悪化していたことはまちがいないと思われる。

武藤が去ったあとの東條内閣に失望を感じる者もいた。松村秀逸は「陸軍での一番の激職」を二年半務めた武藤の威勢は並ぶ者がなく、歴代軍務局長のなかでもっとも迫力のある大軍務局長の感があったという。松村は、当時の陸軍で東條に正面切って物が言えるのは「おそらく部内において彼一人ではなかったろうか」とまで述べている（松村『大本営発表』）。

それほど大きな存在だった武藤が総理兼陸相である東條と意見を異《こと》にするようになれば、東條が政権運営（ひいては戦争指導）がやりづらくなると考えるのもわからなくはない。しかし東條が、武藤のあとの軍務局長に「子飼い」とも言うべき佐藤賢了を据え、人事局長の富永恭次が陸軍次官を兼ねるようになった時、松村は、東條が「小さく見えて来た」という（同右）。

昭和十七（一九四二）年四月二十九日、武藤はスマトラへ赴く途中、九年ぶりに故郷の熊本を訪れている。軍務局長という重職を担った軍人としては「凱旋」であり、師団長としてこれから戦地に赴く身としては「出征」でもあった。この時のものと思われる兄・直也と武藤家の墓を前に撮影された写真が邦弘氏のもとに残されている。「郷土の英雄」を迎える人々の歓迎ぶりはすさまじく、軍官民挙げての出迎えだった。

武藤は帰郷の際、母校・済々黌を訪れ、生徒たちを激励している。この時に武藤を迎えた生徒の一人は「軍国少年の私たちからすれば憧れの存在。後輩としてとても誇らしかっ

戦地に赴く前に

昭和17(1942)年、武藤家の墓前にて。右から武藤、兄・直也、兄嫁・ヨシ　（武藤家所蔵）

た」と、戦後七〇年経ったあとに振り返っている（本田清悟「A級戦犯武藤章と戦争[6]」）。

ともあれ、軍務局長としてもっとも緊張を強《し》いられる時期に軍政の中枢で活躍した武藤は、日本が緒戦の快進撃に沸くなか、祖国をあとにした。

スマトラ独立を容認

スマトラに赴任した武藤は、しばらく同地を視察したあと、人に託して第一六軍司令官の今村均あてに、次の要旨の手紙を送っている。

「四月、貴地に参上いたしました時は、ジャワの実状と貴軍政の実質とを究《きわ》めず皮相の観察から、無作法な言辞《げんじ》を口にいたしましたことは、なんとも申訳《もうしわけ》なかったことと、深く慙愧《ざんき》いたしております。シンガポール軍傘下の師団として、スマトラ軍政を担当し、インドネシヤの柔順性とオランダ人の無気力さを知り、いよいよ以《もっ》てジャワ軍政の方針は、適正なものであることが判明いたしました。私は軍と中央とに所見を報告し、スマトラは、ジャワ軍政に準じ、実行することに改正しました。茲《ここ》に重ねて、当時の失礼を陳謝申上《もうしあ》げます」

（今村『私記・一軍人六十年の哀歓』）

武藤は、自分の任地を視察した結果として、素直に己《おのれ》の非を認めたのである。今村は、武藤の手紙を受けて「実相を知り、釈然と心情を披瀝してきた武藤中将の淡白さを快《こころよ》く受け取った」と回想している。この手紙を出した直後に、武藤は副官に対しても自分の過《あやま》ちについて反省の弁を述べている。

「私は間違っていた。現地の状態を本当に把握出来ていなかった。今日お詫《わ》びの手紙を書いた。今度お会い出来る日が楽しみだ」

（稲垣忠弘「武藤中将、副官の思い出」）

名前にひっかけて「無徳」などと呼ばれ、上司とも平気で衝突し、自負するほど口の悪いところもあった武藤だが、このように自分の過ちをあっさり認めるところもあった。

これには、武藤の任地であるスマトラが、蘭印を構成する地域の一つだったこともあるだろう。今村が司令部を置いたジャワも蘭印であり、武藤は自分で詳しく調べた結果として、今村の統治方法が適切だと判断したのである。

武藤の軍政方針については、次のような話がある。当時、同盟通信のメダン支局長としてスマトラにいた福田義郎《ふくだぎろう》は、軍から相談されて現地で新聞を出すことになった。軍では、ある有名なインドネシア独立運動家を抱き込んで編集局長にするつもりだったが、福田の説得を受けたその人物はいくつかの条件を出した。

まず月給が二百七十円。当時タマゴが一銭五厘で、社長の私の月給は二百七十円であった。それと同額出してほしいというわけだ。ほかに社員の人選はいっさいまかせること、などであったが、いちばんの問題は「スマトラは独立する、日本の領土にはしないという筆陣を張る」という条件だった。私は独断では返答しかねたので、近衛第二師団長だった武藤章に相談したら「いいじゃないか、やらせろ」というわけで、すぐ引き返して、夜中の九時ごろだったと思うが、条件はぜんぶのむということで合意した。

（高田元三郎他「執筆者一〇〇人の記録と告白」）

武藤の軍政方針がどのようなものであったか、右の発言は一つの手がかりになるだろう。なお、福田によれば、武藤はスマトラを離れる際に「この戦争は負けだ。おまえもつかまれば銃殺刑だから帰す」と述べており、おかげで、福田は終戦前に帰国することができたという（同右）。

武藤が師団長として防衛を担当する地域は、スマトラの北半分であった。スマトラ自体が日本本州の面積の約二倍であるから、一個師団でほぼ本州に匹敵する面積を担当することになる。約一カ月を費《つい》やして各地を視察した武藤は、第一線部隊がすでに戦争に勝ったような気持ちになっていることに驚いた。

私は軍隊のこういう考えを一掃して、爾後《じご》の作戦に備うるため確《しっ》かり訓練をさせねばならぬと考えた。この為《ため》私は教育計画を示して師団長自ら検閲することとした。
（武藤『比島から巣鴨へ』）

こうして、武藤は部隊の教育・訓練に邁進することになった。

うるさ型の師団長

武藤が師団長となった時、副官となったのは予備役中尉の稲垣忠弘《いながきただひろ》だった。稲垣は昭和十五（一九四〇）年夏に日中戦争に出征し、南支派遣軍隷下の近衛師団の参謀部附として勤務していた。稲垣は、武藤が着任する際に参謀長の小畑信良《おばたのぶよし》大佐から呼び出しを受け、自分（稲垣）が副官になること、およびその際の注意を受けた。

「今度、武藤中将が師団長として着任される。君が副官として内定している。近く発令がある筈《はず》だ。私から一言、注意してをく《ママ》。武藤中将は陸軍にとって掛替《かけが》えのない貴重な人だ。どんな戦況になっても、絶体に死なせてはならん。覚悟してお仕《つか》えしてくれ。それからもう一つ―君は叱られ役だと云《い》うことを肝《きも》に命じておけ。武藤閣下は陸軍切っての秀才であるとともに、うるさ型だ。閣下の御小言《おこごと》の防波堤になって、適宜に参謀部に連絡してくれると参謀たちが助かるからなあ、ハッ、ハッ、ハッ、しっかりやって呉《く》れ給《たま》え」

（稲垣「武藤中将、副官の思い出」）

実際に、武藤はかなり「うるさ型」だったようだ。スマトラには軍隊以外にも農園の経営者も来ていたが、彼らも楽天的で戦利品の分け前争いのようなことをやっていた。武藤が戦争の将来は予断を許さないことを強調し、戦力強化を第一義とすることを唱えると「迂《う》愚《ぐ》な議論を吐く男」と思われたという（武藤『比島から巣鴨へ』）。

しかし、戦況が悪化すると、次第に武藤の発言も受け入れられるようになった。昭和十七（一九四二）年四月十八日にはドゥーリットル中佐による日本本土爆撃があり、六月にはミッドウェー島をめぐる攻防で海軍は主力空母四隻を失うという大打撃を受けた。

さらに、海軍設営隊がガダルカナル島に建設した飛行場をアメリカの海兵隊に奪われると、同島をめぐって激しい攻防戦が展開された。日本軍は最初一木清直大佐率いる一木支隊を奪回に送り込んだが、あえなく壊滅。次に展開した川口清健《かわぐちきよたけ》少将の部隊は健闘するも大きな損害を受けた。

容易ならざる戦況を知った陸軍では、第二師団と第三八師団をもってガ島奪回を狙った。しかし、両師団もまた、アメリカ軍の火力によって撃退される。

すでに制海権、制空権共に連合軍側に奪われたガ島では補給がきわめて困難となり、飢えや病気など戦闘以外で膨大な死者が出る悲劇が展開された。陸軍中央でもガ島を奪回するか放棄するかで意見が分かれ、奪回を主張する作戦部長の田中新一は東條英機と衝突し、南方軍附へと転出、同じく奪回にこだわった作戦課長の服部卓四郎も陸相秘書官として軍の中枢から離れることになった（ただし服部はのちに作戦課長に再任される）。そして昭和十八（一九四三）年二月、とうとうガダルカナル島の残存部隊を撤収し、島は放棄されることになった。

全般的には順調に進んでいた戦争は、ミッドウェー海戦で大きくつまずき、ガダルカナル島の戦い以降、守勢に回り始めたのである。

玉砕の戒め

昭和十八（一九四三）年六月、武藤の指揮する近衛師団は近衛第二師団と改称された。これは、東京に宮城《きゅうじょう》（皇居）守護のために新たに近衛師団が設置されたことから、従来の師団を「第二」と改称したものである。

戦況が激しく動くにつれ、武藤の近衛第二師団も、その影響を受ける。アンダマン、ニコバルといった島に師団から四個大隊を派遣することになり、その分の人員を補充することになったのである。加えて、師団は北部スマトラの防衛任務のため、陣地構築も行わねばならなかった。補充兵の教育、陣地の構築という二つの問題を解決しなければならなかったのである。そこで武藤は、部下にいくつか重要な訓示を行った。

1　部下に最も親切な指揮官は平素《へいそ》十分に訓練に精進《しょうじん》せねばならぬ。訓練精到《せいとう》なる部隊は僅少の損害を以《もっ》て大勝を博《はく》する。平素訓練を怠《おこた》るものは一見《いっけん》部下を可愛がるようであるが、一度敵と遭遇すると大損害を蒙《こうむ》る。これは最も不適切である。平素の一滴の汗は莫大な血の節約となる。

2　予《よ》は諸士に金鵄勲章《きんしくんしょう》授与の栄誉を得る機会を与えぬであろう。諸士が構築しある陣地が強度を加《くわ》うる時、敵は決して北部スマトラに上陸を企図《きと》せぬであろう。敵が来攻せねば諸士は殊勲の功績を樹《た》てることが出来ぬからである。然《しか》し後世史家は金鵄勲章よりも無血の大功を賞賛すること必定《ひつじょう》である。

3　玉砕《ぎょくさい》は自殺行為である。軍人が戦場に臨《のぞ》む既《すで》に死は必定である。然し自己のなすべき準備万端を怠り、玉砕以て足《た》れりとするは不忠の最大なるものである。我々は寡兵よくスマトラ防衛の任務を達成せねばならぬ。地形の利用、陣地の強化、食糧衛生の施設完備等に依《よ》り、強靭《きょうじん》なる抵抗を持続し、一兵よく百敵を斃《たお》すことが必要である。

（武藤『比島から巣鴨へ』）

いずれも、うなずける指摘ではないだろうか。

武藤は部隊の訓練と陣地構築の視察のために、月の半分は司令部を留守にした。北部スマトラで敵の上陸が予想される地点にはベトン（コンクリート）製のトーチカが歩兵一個大隊正面に約六〇〜七〇個が作られ、各トーチカによって構成された火網によって船舶の停泊を許さないようになっていた（稲垣「武藤中将、副官の思い出」）。

武藤の俳句

武藤は、部隊の教育訓練や陣地構築など、それまでの軍官僚勤務とは違う、充実した日々を過ごしていた。また、スマトラは比較的平和であり、軍による統治（軍政）も順調だった。

武藤がどのような日々を過ごしていたかは、彼が永田秀次郎《ながたひでじろう》に送った手紙にその片鱗がうかがえる。永田は元内務官僚で東京市長などを歴任し、太平洋戦争勃発後は軍政部の最高顧問として南方の軍政にも関与していた。その最中デング熱に罹り、東京で療養していたが昭和十八（一九四三）年九月に死去している。

永田死去のすこし前、五月に武藤が送った手紙には、永田への見舞いの他にスマトラの状況が記されている。すなわち、「スマトラの軍政も追々《おいおい》人容相整《あいととのい》」、着々と成果を上げている、「最近は軍政関係事項に依《よ》り煩《わずら》わさるる事無《な》く日頃《ひごろ》軍隊練武《れんぶ》に専念」できており、「日々快適に御奉公仕《つかまつ》り居《お》り候《そうろう》」（永田秀次郎宛武藤章書簡）。

さらには、日本から来る手紙で食糧が不足している様《さま》を知るが、スマトラでは「相不変《あいかわらず》豊富なる果物に恵まれ」ており「自給自活」も可能、「却《かえ》って相《あい》すまぬ様《よう》な気持ち仕り候」と述べている（同右）。

この書簡のなかで、武藤はいくつかの句を詠《よ》んでいる。永田は「青嵐」の号を持つ俳人であり、その方面の著書も出していた。武藤はその影響もあって俳句を詠むようになった。武藤は寝る前に必ず芭蕉を読むというぐらいで、「泉村」の号も持っていた。武藤が永田に送った句をいくつか紹介しよう。

山腹を唯《ただ》一条の霧流る
溶け残る谷間の霧や鶏の声
戦塵《じん》を洗う温泉《いでゆ》や月冴《さ》ゆる
月出《い》でゝ温泉の兵のさんざめき

月に冷えて憩《いこ》いの石を離れけり

（永田秀次郎宛武藤章書簡）

かつて文学少年であり、軍人になってからも読書家であった武藤の「文化人」の側面がうかがえる。副官の稲垣忠弘も武藤から俳句の手解《てほど》きを受けていた。文庫の「歳時記」を手に季語から丁寧《ていねい》に説明し、稲垣が自作の句を見せると「これは俳句になってないよ」と笑いながら手直しをしてくれたという（稲垣「武藤中将、副官の思い出」）。

「叱られ役」として、時に厳しく言われることもあった稲垣だが、理由もなく当たられたり、粗略に扱われたわけではない。その叱責にはきちんとした理由があり、普段は温情すら感じさせる接し方をしていたようである。稲垣は、戦後も武藤に対する敬慕の念を失わなかった。

慰問団への心づかい

南方各地には内地から慰問団が訪れたが、武藤のいるスマトラにも歌手や漫談家などがやってきた。慰問団の作家・瀬戸口寅雄《せとぐちとらお》（吉本興業）はある日、武藤のいる司令官官邸に呼ばれ、食事を共にしながら語り合った。瀬戸口によると、武藤の机の上には吉川英治《よしかわえいじ》の『宮本武蔵』『三国志』などがあったという。

「小説をお読みになっているのですか」

「昭南島《しょうなんとう》（シンガポール）に本屋が出来て、吉川の著書が出ていると云《い》うので、副官に買って来てもらった。吉川のものだけだよ、ほかのものは読まん」

（瀬戸口寅雄「戦争と大和撫子」）

さらに武藤は、慰問団の折戸玲子《おりとれいこ》という痩《や》せぎみの女性歌手について、次のように述べた。

「慰問団をつれて来るときには、病人たれのような女性はやめるのじゃ。健康で、頑丈《がんじょう》な、見るからに元気そうな女性をつれて来てくれ。よいか。ひよわい女性をつれて来ると、戦いにつかれた兵隊たちが、内地にはもう、病人のような女しか、慰問に来れなくなったのかと嘆（なげ）くぞ。わしの云《い》うことが分《わか》るか？」

「はい、よく分ります。これからは、頑健《がんけん》で、血色《けつしょく》のよい女をつれて来ます」

「そうじゃ。そうじゃ。折戸玲子嬢が、あの痩せぎすの身体で、南海の孤島スマトラまで、慰問に来てくれたことを思うと、嬉しくて、涙がこぼれた。病気にならぬよう、元気に慰問を終え、内地へつれて帰れよ」（同右）

折戸は、かつて肋膜炎《ろくまくえん》を患ったことがあり、なかなか肉がつきにくかったのだという。武藤は手ずからミルク罐《カン》一〇個を瀬戸口に渡し、折戸に渡すように述べた。これを武藤の言葉と共に折戸に渡すと、彼女は「すみません」と言って涙をこぼした（同右）。

こうして、忙しいなかにも軍人として充実した日々を過ごしていた武藤だが、戦局は悪化の一途を辿った。昭和十八（一九四三）年五月には、アッツ島で日本軍守備隊が玉砕している。武藤のいるスマトラにも、戦局悪化の波は押し寄せてきた。

インパール作戦を非難

昭和十八（一九四三）年三月、武藤のもとで参謀長を務めていた小畑信良が少将に進級し、第一五軍の参謀長として転出することになった。第一五軍司令官の牟田口廉也《むたぐちれんや》中将のもとで、有名なインパール作戦が計画されていたが、武藤はこれに反対だったという。小畑が武藤の宿舎を訪ねた際は、彼に対して「何とか止めさせるように説得しろ」と話していた（稲垣「武藤中将、副官の思い出」）。

実際、小畑は第一五軍の参謀長となってから、牟田口に反対を唱えている。しかし、自分が反対しただけでは中止させるのは難しいと考えた小畑は第一五軍隷下の第一八師団長の田中新一に牟田口の説得を依頼した。田中は小畑と同意見だったので、牟田口にその旨を伝えたが、同時に次のように付言した。

「いやしくも軍参謀長として軍司令官を補佐すべき随一《ずいいち》の地位にありながら、直接軍司令官に直言せず、隷下の師団長を介して意見を具申しようとした参謀長の措置は統率上憂慮すべき問題と考える」

（防衛庁『戦史叢書　インパール作戦　ビルマの防衛』）

その結果、着任してまもない五月、小畑は更迭されてしまう。その後のインパール作戦の惨憺たる結末は、あまりにも有名である。小畑は更迭されてから一度、武藤の宿舎に顔を出し、「閣下!! 力及ばず、首になって帰って来ました」と報告せざるを得なかった（稲垣「武藤中将、副官の思い出」）。

その後、連合軍の反攻がさらに激しくなると、必然的に日本内地との連絡も困難になってきた。武藤はスマトラで自給自活できるように工夫し、自分の担当範囲では現地だけでやっていける自信を得た。

しかし昭和十九（一九四四）年十月、武藤はこの地を離れることになる。フィリピンの防衛を担当する、第一四方面軍参謀長への就任が発令されたのである。

第八章

フィリピンの戦い

のである。

参謀長として

昭和十九（一九四四）年七月十八日、開戦以来、戦争指導を行ってきた東條英機内閣は総辞職した。七月七日に「絶対国防圏」と定めたサイパン島が陥落し、その責任を取ったのである。

サイパン島が敵手に渡ることは、日本がB29爆撃機の爆撃圏内に入ったことを意味する。絶対国防圏が崩壊した以上、連合軍の進撃を何としても抑えなければならない。そのための重要拠点がフィリピンであった。武藤がスマトラをあとにし、フィリピンの首都マニラにある第一四方面軍司令部に到着したのは、十月二十日のことだった。

絶対国防圏が崩壊して以降、大本営が連合軍を邀撃《ようげき》するために立てた作戦が「捷号《しょうごう》作戦」である。これは、日本本土、台湾、南西諸島、フィリピンなどに敵が来攻した場合を想定して、それぞれの地点に陸海空の総力を結集して空母や輸送船団を撃破し、上陸すれば地上軍によって攻撃、その間、空母の協力によって準備した反撃部隊を用いてさらに反撃する、というものだった。捷号作戦は一号から四号まであり、そのなかで、フィリピンは「捷一号」とされていた（防衛庁『戦史叢書　捷号陸軍作戦〈1〉レイテ決戦』）。

武藤は十月十七日にシンガポールで、近衛第二師団長の引き継ぎを後任の久野村桃代《くのむらとうだい》中将と済ませ、翌日ボルネオを経由して、十九日にフィリピンのパラワン島ポート・プリンセサ（プエルト・プリンセサ）に到着した。ここは第一四方面軍の担当地域だったので、駐留部隊の報告を聞きに立ち寄ったのである。ところが昼食後、出発しようとした武藤の搭乗機は来襲したアメリカ軍機の攻撃を受け、荷物もろとも灰になってしまう。やむなく、出発を翌日に延ばし、その日はパラワン島に宿泊することにした（武藤『比島から巣鴨へ』）。

二十日、フィリピン・マニラのクラークフィールド飛行場に降り立った時、街は灯火管制下にあった。車でマニラから約一〇キロの地点にあるポート・マッキンレーの方面軍司令部に向かう最中に日は暮れ、街は真っ暗になった。午後十時頃に司令部に着いた武藤は、司令官の山下奉文に第一四方面軍参謀長着任の報告に向かった（同右）。

当時、方面軍参謀だった石川麒玖雄《いしかわきくお》中佐によれば、武藤到着の報を聞いた山下は待ちかねたように「そうか、着いたか」と述べ、「参謀長は腹をへらしているだろう」と副官に食事の用意を命じた（石川麒玖雄「山下奉文大将」）。

武藤参謀長が入って来ると、「やあ！　着いたな」とその声は明るく、型通りの申告が終《お》わると、「今度はひどい目に遭《あ》いました」と参謀長が言って椅子に腰をおろした。そして彼は、パラワン島で米機の襲撃を受け、飛行機も持物《もちもの》も全部焼かれ、それこそ裸一貫で着任したというのであった。将軍は、「道理で泥まみれだと思った」と笑いながら立ち上がって片隅《かたすみ》の軍用行李《こうり》の中から、下着類を取出《とりだ》して参謀長に渡した。将軍が、「君には少し大きいかもしれんが、ひと風呂浴びて着替えたまえ」と言うと、「一人半前用ですな」と参謀長は言って笑う一場面があった。　（石川「山下奉文大将」）

また、武藤と幼年学校からの同期である富永恭次（人事局長からフィリピンの第四航空軍司令官となっていた）によれば、武藤は「山下さんは参謀長ン時と一発も変《かわ》らんけんな」と述べていたという（富永恭次「冨永恭次回想録　その二」）。故郷の訛《なま》りで山下について語る武藤の言葉に、二人の関係性が見て取れる。

既述したように、武藤が北支方面軍参謀副長だった時、参謀長は山下だった。たがいに良く知る仲であり、戦後、山下が裁判にかけられた際も、武藤は彼の弁護に奔走するほど

山下奉文と

フィリピンにて、山下奉文（左）と共に　（武藤家所蔵）

信頼し合っていた。

しかし、日中戦争以前に遡れば、二人の立場はかなり異なる。武藤がいわゆる統制派の一人として永田鉄山の下にいたいっぽう、山下は皇道派に近かった。昭和十（一九三五）年八月、永田が相沢三郎に刺殺された時、山下は相沢を励《はげ》ますようなことまで言っており、永田の亡骸《なきがら》を抱いて軍服を血に染めた武藤と対照的である。

二人の明暗は、昭和十一（一九三六）年の二・二六事件で分かれる。山下は、反乱を起こした部隊に同情的な態度を取った。事件は結局、無血で鎮圧されたが、事件に参加した歩兵第三連隊が解散されるとの噂が出た時、かつて連隊長を務めた山下は「ご奉公の支えを失《な》くした」と落胆し、一時、軍職を辞めることまで決意したという（児島襄『史説 山下奉文』）。

山下は軍から退くことこそなかったものの、二・二六事件（陸軍省調査部長）以降、中央の要職に就くことはなかった。中国大陸を転戦し、太平洋戦争開戦の際はマレー、シンガポールを攻略する第二五軍司令官として戦争の口火を切る大役を果たした。同地の攻略戦ではイギリスの東洋での牙城《がじょう》であるシンガポールを見事に陥落させ、勇名を馳せている。

しかし、昭和十七（一九四二）年七月という比較的早い時期、山下は関東軍麾下《きか》の第一方面軍司令官の命を受ける。満洲とソ連との国境地帯ではあるが、第一線から離れたのである。それから、フィリピンに派遣されるまで、山下は満洲で過ごした。戦争初期に赫赫《かくかく》たる戦果を上げながら前線を離れ、戦局が圧倒的に不利な時期に要衝フィリピンを防衛する任務を与えられたのである。そこで、武藤と邂逅《かいこう》することになった。

台湾沖航空戦

武藤が第一四方面軍参謀長に就任する一カ月前の昭和十九（一九四四）年九月二十一日、

フィリピンのマニラ港および周辺の飛行場に、アメリカ軍による大規模な空襲が行われた。四次にわたり延《の》べ四〇〇機の航空機による、この空襲で、日本海軍は航空機二十数機、船舶一六隻約一〇万トンの損害を受けた。空襲は翌日も行われたが、この時は敵空母に打撃を与えている。

アメリカ軍のフィリピンへの活発な攻撃に鑑み、大本営では同方面での決戦生起《せいき》の可能性が高いと考えた。その時期を十月下旬と考え、南方軍や台湾軍にそのための準備を命じている（服部卓四郎『大東亜戦争全史』）。

しかし、山下が東京で命を受けてフィリピンに着任したのが十月六日、武藤に至っては十月下旬である。両者に仕えたことがあり、当時（十一月以降）方面軍麾下の第三五軍の参謀だった加登川幸太郎《かとがわこうたろう》中佐は、二人の任命を相応《ふさわ》しい人選と認め、特に武藤については「方面軍参謀長としてまことに適任な優れた方」としつつ、「どうせ使うのなら、なぜもっと早く」と嘆《なげ》いている（加登川幸太郎「レイテ決戦『不運』の将軍」）。

遅い着任に加え、武藤ら、というより、陸軍にとって大きな誤算となったのが、台湾沖航空戦である。武藤がフィリピンに来る直前の十月十二日と十三日、アメリカ海軍機動部隊から飛び立った航空機により、台湾が空襲を受けた。

それぞれ延べ六〇〇機という大規模なものだったが、連合艦隊はこれを敵機動部隊を殲《せん》滅《めつ》する好機と見た。捷一号・捷二号作戦が発令され、日本海軍・第二航空艦隊の基地航空部隊は総力を挙げて、アメリカ海軍機動部隊を攻撃すべく飛び立っていった。

この時に上げたとされる戦果は莫大なものだった。十九日に大本営が発表した戦果は撃沈が空母一一隻、戦艦二隻、巡洋艦三隻、巡洋艦もしくは駆逐艦一隻、撃破が空母八隻、戦艦二隻、巡洋艦四隻、巡洋艦もしくは駆逐艦一隻、その他一三というものだった。

この発表に、国民は狂喜した。首相の小磯国昭（予備役陸軍大将）は、演説のなかで「勝利はわが頭上に」と述べるほどだった。これが本当なら、海軍のみならず陸軍の作戦にも大きく寄与するはずであり、さらには戦争の行方そのものにも影響しただろう。

ところが、この大戦果に疑問を持つ人物がいた。陸軍の参謀本部第二部（情報）で英米課に勤務していた堀栄三《ほりえいぞう》少佐である。堀は第一四方面軍に出張に行く途次、新田原《にゅうたばる》飛行場（宮崎県）で、台湾沖航空戦が行われていることを知り、かねてから疑問を持っていた航空戦法を観察するため、航空基地の一つ、鹿屋《かのや》（鹿児島県）に飛んだ。

鹿屋の海軍飛行場に着いた堀は、下士官や兵が指揮所で司令官や幕僚たちに戦果の報告をするのを見た。しかし、下士官や兵が「○○機、エンタープライズ轟沈！」などと述べ、それが次々に指揮所の黒板に書き込まれていくなか、堀は「一体、誰がどこで、どのようにして戦果を確認していたのだろうか？」と疑問が湧《わ》いてきた（堀栄三『大本営参謀の情報戦記』）。

そこで堀は、報告を終わって指揮所から出てくる下士官や兵を片《かた》っ端《ぱし》から捕まえると、矢継《やつ》ぎ早《ばや》に質問した。


「どうして撃沈だとわかったか？」

「どうしてアリゾナとわかったか？」

「アリゾナはどんな艦型をしているか？」

「暗い夜の海の上だ、どうして自分の爆弾でやったと確信して言えるか？」

「雲量《うんりょう》は？」

「友軍機や僚機はどうした？」


（堀『大本営参謀の情報戦記』）

しかし、彼らはまともに答えられなかった。加えて、この攻撃に参加した陸軍航空部隊の少佐が海軍の戦果に疑問を投げかける発言をし、堀は実際の戦果がずっと少ないであろうことを確信した。堀は上司である第二部長あてに次のような電報を打つ。

「この成果は信用出来《でき》ない。いかに多くても二、三隻、それも航空母艦かどうかも疑問」（同右）

はたして、この大戦果は幻《まぼろし》だった。第二航空艦隊司令部ではあまりの成果に疑問を持ち、再審査して空母の撃沈を四隻とした。この結果は大本営、連合艦隊にも当初報告されなかったらしい。ただ十月十六日に、連合艦隊司令長官の豊田副武《とよだそえむ》には報告された（防衛庁『戦史叢書 海軍捷号作戦〈1〉台湾沖航空戦まで』）。これでも、真実であれば相当な大戦果だが、実際はアメリカ海軍の艦船は一隻も撃沈されておらず、巡洋艦二隻が戦列を離れる損害を被ったのみだった。いっぽうで、第二航空艦隊は戦力の半分近くを失った（服部『大東亜戦争全史』）。

そして、海軍側で修正されたこの事実は、陸軍へは知らされなかったのである（同右）。この戦果の誤認は、山下、武藤らの第一四方面軍の作戦に重大な影響をおよぼすことになる。

甘い見通し

昭和十九（一九四四）年十月二十日、フィリピンのレイテ島タクロバンにアメリカ陸軍第一〇軍団約五万三〇〇〇が、同島ドウラグに第二四軍団五万一五〇〇が上陸を開始した。率いるのは、ダグラス・マッカーサー大将である。マッカーサーは、巡洋艦ナッシュビルの上から通信波長を通じて、フィリピンの抗日ゲリラに有名な「私は帰ってきた」という放送を行った（児島襄『太平洋戦争(下)』）。

かつてマッカーサーは、フィリピンで極東陸軍司令官として日本軍と戦い、からくも脱出した経歴があった。その屈辱を晴らすかのように、今度は逆の立場でフィリピンの地に降り立ったのである。

いっぽう、日本軍の作戦は本来、ルソン島に敵が来た場合は迎え撃つも、フィリピン中南部では決戦は行わないことになっていた。しかし、台湾沖航空戦でアメリカ海軍の機動部隊が壊滅したと聞いていた参謀本部は、部隊を移動させることが著《いちじる》しく容易になったと判断し、レイテ島に部隊を送り込んでこれを撃破しようと考えたのである（服部『大東亜戦争全史』）。

この新方針を伝達するべく、大本営は第一四方面軍に対して電報を打ってから、作戦指導のために参謀を派遣した。二十二日、南方軍総司令官・寺内寿一（元帥、大将）から第一四方面軍司令官・山下奉文に、次のような命令が下された。

㈠驕《きょうてき》敵撃滅の神機《しんき》到来せり。
㈡第十四方面軍は海、空軍と協力し、なるべく多くの兵力を以《もっ》てレイテ島に来攻せる敵を撃滅すべし。
（武藤『比島から巣鴨へ』）

この時、南方軍の総司令部もフィリピンのマニラにあった。武藤は同二十二日夕刻に着任の挨拶に行ったが、寺内以下は「レイテの戦況に就《つ》いても至極《しごく》楽観的」だったという（同右）。楽観的だったのは、台湾沖航空戦の「大戦果」を信じていたからであろう。

大敗

レイテを含むフィリピン南部の担当は、第一四方面軍麾下の第三五軍（司令官・鈴木宗作《すずきそうさく》中将）である。レイテ島には第一六師団がおり、上陸したアメリカ軍と死闘を繰り広げていた。

大本営や南方軍は、ここにさらなる増援を送り込み、アメリカ軍と「決戦」を行おうと考えていたのである。しかし既述のように、第一四方面軍が本来取るべき作戦はルソン島に敵が来た場合は陸戦を行い、レイテなど中南部フィリピンでは「決戦」は行わないはずだった。当然、船舶をはじめとした輸送の準備は不十分である。

もし比島《ひとう》〔フィリピン諸島〕の如き三千から成《な》る群島を防衛するのに、陸軍兵力を適時適切に移動せしめんとする計画ならば、予《あらかじ》め船の準備が先決条件である。……然《しか》るに一隻の船も準備することなく、突然レイテ島に各方面よりなるべく多くの兵力を集中せよとの命令である。（武藤『比島から巣鴨へ』）

武藤は参謀副長の西村敏雄（少将）らを南方軍総司令部に向かわせ、その真意を問い合わせた。すると、これは大本営の意思だと言う。この時、山下の副官も随行していたが、西村が寺内と話していると寺内が激昂し、「とにかく、やれといったらやれ」という声が部屋の外まで聞こえてきたという（児島『史説　山下奉文』）。

一度命令が下された以上、やらなければならない。山下は、レイテ島を管轄する第三五軍の鈴木司令官にレイテ島の敵を撃滅する命令を下した。

第一四方面軍の参謀たちは、レイテで「決戦」を行う条件として、①飛行機毎日三〇機、②船舶三〇万トン、③ルソン島増援兵力三個師団、を南方軍経由で大本営に要求する。ルソン島への兵力増加要請が入っているのは、レイテに増援を送り込んだ穴埋めをしなければならなかったからである。

しかし、大本営から返事はなかった。方面軍参謀だった田中光祐《たなかみつすけ》少佐が戦後、服部卓四郎に問いただしたところ、服部いわく「南方総軍からの連絡に条件はついていなかった」。方面軍の要望は、南方軍で握り潰されたのかもしれない（同右）。

レイテへは方面軍から第一師団、第二六師団、第六八旅団などの兵力が追加されたが、第一師団の分乗した優速船四隻のうち、一隻は撃沈されてしまう。

この間、海軍でも大規模な作戦が行われた。レイテ島に上陸したアメリカ軍を狙い、連合艦隊は総力を挙げて「殴り込み」をかけたのである（レイテ沖海戦）。戦艦大和《やまと》と武蔵《むさし》を投入し、本格的に神風《しんぷう》特別攻撃隊の運用も行われた同海戦は、しかし日本側の大敗に終わった。アメリカ軍も小空母や護衛空母を失ったが、日本軍は武蔵をはじめ三隻の戦艦、四隻の空母、六隻の重巡など多数を喪失。連合艦隊は実質的に壊滅した。

海空の戦いに敗れた日本軍は陸戦でも敗れる。本来とは違った作戦を行わざるを得なかったゆえの準備不足、制海権と制空権の喪失、さらにレイテ島の住民が抗日ゲリラとしてアメリカ軍に協力するなど、あらゆる面で苦戦を強《し》いられた。

武藤は南方軍総参謀長を訪問し、「海軍及び航空軍の決戦が失敗」していることを説明し、「爾後《じご》の作戦を考えねばならぬ時機に達した」ことを縷々《るる》述べたが、通じなかった（武藤『比島から巣鴨へ』)。

戦略の転換

大本営戦争指導班『機密戦争日誌』の昭和十九(一九四四)年十二月十四日には、現地に出張した参謀によるレイテの戦いに対する二つの考え方が記されている。「第一案」はレイテでの決戦をあきらめること、「第二案」はあきらめず戦況を打開すること。武藤の考えは、「第一案」であった。

右両案に対する武藤参謀長の案は第一案にして「レイテ」決戦は既《すで》に限度に達しあるを以《もっ》て、転換するを要《よう》すとの思想なり。

(軍事史学会『大本営陸軍部戦争指導班 機密戦争日誌 新装版 下』)

レイテ島の戦況は日本軍の圧倒的不利に進んでおり、近いうちにアメリカ軍はルソン島に来ると考えられていたのである。

十二月二十五日、ついに方面軍は、第三五軍に対して「作戦地域内に於《お》いて自活自戦《じかつじせん》永久に抗戦を継続し国軍将来に於ける反攻の支撑《しとう》たるべし」と、レイテでの決戦をあきらめて持久戦命令を出す（防衛庁『戦史叢書　捷号陸軍作戦〈1〉レイテ決戦』）。

武藤らは、ルソン島で敵を迎え撃つ本来の方針に立ち戻ったことになる。とは言っても、兵力や物資をレイテに振り分けた以上、防衛力の低下は否めない。加えて、制空権と制海権は敵に握られている。武藤によると、武藤自身はレイテ島の戦いの最中からすでにルソン島での戦いに備えて作戦計画を練っていたが、大本営や南方軍から派遣された参謀らが常に身近にいたため、大っぴらにするわけにはいかず、夜密かに計画を立て、翌日に司令官の山下奉文に了解をもらう方法を取ったという。

大体の案ができたのは十二月上旬、そこに大本営作戦部長の宮崎周一《みやざきしゅういち》が来たため、その了解を得、正式に方面軍作戦課長の小林修治郎《こばやししゅうじろう》大佐に計画の作成を命じた（武藤『比島から巣鴨へ』）。しかし、武藤と小林の間にはルソンの防衛計画について齟齬《そご》もあった。

十一月十日頃か、小生《しょうせい》からルソンの兵要地誌《へいようちし》聞き、図を広げて考えていたが、当時レイテ戦中だったので秘《ひそか》に計画し様《よう》とし、小生は尚《なお》計画に基《もとづ》く陸上決戦をやる可《べ》しと力説したが、問題にせず、依《よ》って小生が図上にその構想を画《か》くと同意した。

（小林修治郎「比島戦についての質問解答」）

武藤が「秘に計画」していたことはまちがいないようだが、小林は武藤が考えるような持久戦ではなく、アメリカ軍との「決戦」を考えていた。

小林はマニラ港や飛行場群を敵手に渡すことに反対で、持久戦は「たとえ生存は可能となっても、国軍全般から見れば死せる軍と化《か》す事、ラバウルと同様である。何《な》んとか此《こ》の平地の要点を確保し万已《ばんや》むなき場合の拠点だけは準備するを可とせん」と主張、対して武藤は「憤激の情」をもって「そうだ!!　そのラバウルになるんだ!!」と「噛んで吐き出す様《よう》に」述べたという（同右）。

ラバウルは、今村均大将率いる第八方面軍の司令部があるニューブリテン島の街で、徹底した要塞化と自給自足体制を整えていた。連合軍はこれと正面からぶつかることを避けて進攻し、ラバウルは敵中に取り残される形で終戦を迎える。武藤は、ルソンもラバウルのようにして戦い抜こうと考えたのである。

三点防御方式

武藤らの考えは、「呂宋島《ルソンとう》作戦指導要綱」として示された。おおまかに言えば、兵力を大きく三つの拠点（マニラ東方山地、クラークフィールド西方山地、ルソン島北部）に分けて堅固な陣地を構築し、「永久抗戦の態勢」を整えつつ相互に連絡、ルソンのアメリカ軍を牽制し、これの「撃摧《げきさい》を企図」する、というものだった（防衛庁『戦史叢書　捷号陸軍作戦〈2〉ルソン決戦』）。

これは武藤の情勢判断が基準となっている。武藤は、どこに敵が上陸するかわからない以上これを撃破するには機を失せず兵力を集中する機動力が必要である、と考えていた。

しかし、当時の方面軍には自動車が四五〇〇両ほどしかなく、しかも三分の一は故障していたという。そのうえ、フィリピンでの戦いは航空戦重視だったため、自動車用ガソリンよりも航空用ガソリンが重視され、燃料も足りなかった。

また、レイテ戦においてアメリカ軍は陸海空がうまく連携して作戦行動を行っていた。

制海権、制空権は彼らにあり、ルソンでもアメリカ軍機の跳梁《ちょうりょう》によって昼間の自動車輪送は著しく制限されていた。武藤は次のように述べている。

この優勢なる米軍と劣勢なる日本軍が、而《しか》も空軍の援助なしに平地に於《おい》て衝突する場合、如何《いか》なる結果になるか。日本軍に不利であることは如何なる精神力万能主義者といえども遺憾ながらこれを是認せねばならないところであった。

（武藤『比島から巣鴨へ』）

これは、武藤だけの考えではない。方面軍参謀の栗原賀久《くりはらよしひさ》中佐も、小林の案を「景気はよさそうであるが」、それほど険峻《けんしゅん》でもない地域で物量的に優位なアメリカ軍とぶつかれば、たとえ相当な損害を与えたとしても「長期間ねばり強く拘束の任務を達成することは困難」であり、むしろそれは「米側の思う壺」で、「短兵《たんぺい》急の戦法は大の禁物である」としている（栗原賀久『運命の山下兵団』）。

安易な判定はすべきではないが、武藤の考え方のほうが合理的だったのではないだろうか。実際、その後の硫黄島《いおうとう》や沖縄での戦闘では、陣地に拠って抗戦することでアメリカ軍を相当苦しめているが、特に沖縄では大本営の要請で攻勢を取らざるを得なかった時、大きな損害を被った。

ましてや、沖縄ほど地理に習熟もしておらず、抗日ゲリラまで出没するフィリピンで、正面からの決戦がうまくいったとは思えない。相当な損害をアメリカ軍に与えられればまだいいが、それすら不可能だったのではないだろうか。

アメリカ軍のルソン進攻

武藤らが三拠点を中心にして持久戦に移ろうとした背景には、マニラをどうするかという問題もあった。マニラはフィリピンの中心都市であり、当然ながら多くの市民が暮らしていた。しかし当時、マニラでは食料がかなり不足していた。また、地下水も浅い場所から出てくるため、陣地を掘ることも難しい。

武藤によれば、マニラはソ連のレニングラードやスターリングラードのように要塞化できないため、どうしても都市からある程度の距離を保った場所で防衛線を布くしかなかった。そのためには少なくとも八個師団の兵力が必要とされるが、それだけの余裕はなかった。仮にあったとしても、一〇〇万と言われる一般市民を市外へ避難させることは不可能だった（武藤『比島から巣鴨へ』）。

三拠点での持久戦については、北部の主力を第一四方面軍司令官・山下奉文大将が指揮して（司令部・バギオ）「尚武《しようぶ》集団」と呼ぶこと、マニラ東方は第八師団長・横山静雄《よこやましずお》中将が「振武《しんぶ》集団」として率い、クラークフィールド西方は「建武《けんぶ》集団」の名で第一挺進集団長・塚田理喜智《つかだりきち》中将が担当することになった。

アメリカ軍の上陸時期と場所については、すでに昭和十九（一九四四）年十一月五日時点で、方面軍の情報参謀・堀栄三が次のような予測を立てていた。

「米軍は一月上旬末、リンガエン湾に上陸、兵力は当初五乃至《ないし》六師団、爾後《じご》さらに三乃至四師団」

（堀『大本営参謀の情報戦記』）

「上旬末」とは堀によれば六～九日あたりを考えていたという（同右）。はたして、その予測はほぼ的中した。年が明けてまもない昭和二十（一九四五）年一月六日、アメリカ軍は三日間におよぶ激しい砲撃を加え、九日にリンガエン湾から上陸を開始したのである。

日本軍は必死に抵抗したものの、アメリカ軍を食い止めることはできなかった。三十日、三大拠点の一つ、建武集団の司令部は占領され、星条旗が掲げられる。二月三日には首都マニラへの侵入を許し、約一ヵ月後にはほぼ掃討された（防衛庁『戦史叢書　捷号陸軍作戦〈2〉ルソン決戦』）。

敗走のなかのユーモア

第一四方面軍司令部があるバギオも、昭和二十（一九四五）年四月に入るとアメリカ軍の侵入を許すようになった。やがて司令部も敵の脅威にさらされるようになり、バンバンに移動を余儀なくされる。山下奉文、武藤らは四月十六日にバギオをあとにした。

一口に移動と言っても、敵の砲爆撃下で満足に自動車もないなか、兵員や物資を運ばなければならない。相当な困難に直面した。そのようななかでも、山下と武藤の間には次のような交歓があった。

山中の司令部ではハエがよく出たが、綺麗好きな山下はハエ叩きを手放さず、ハエを見つけては叩いていた。ある時、参謀たちとの会議を終えた武藤が、机に止まったハエを叩く山下の様子を見て、次のような句を詠む。

老将の蠅《はえ》叩きおり卓ひとつ　（武藤『比島から巣鴨へ』）

山下は「これは何かね」と問うと、武藤は「俳句です」と答えた。しかし山下は「発句《ほっく》（連歌などの最初の句）だろう」と言い、これに対して武藤は「蘊蓄《うんちく》を傾け、熱弁を振《ふる》って」俳句たる所以《ゆえん》を説明したという。

「だが、これはどこの戦況かね」
「どこの戦況？　ここですよ」
「でもここには老将はおらんよ」　（同右）

武藤は、「私はあきれた。まだ老将ではないらしい」と記している（同右）。もちろん、本当に「あきれた」のではなく、未だに自分を「老将」とは認めない山下のユーモアを尊《とうと》んだのである。武藤は、フィリピンの苛烈な戦闘を描くなかで、わざわざこの日常的なエピソードを記している。

日本軍は激しい抵抗を続けたものの、ジリジリと押し込まれていった。バンバンに移動した司令部も、さらにキャガンへと移らざるを得なくなった。

四面楚歌

フィリピンで武藤らの苦闘が続くなか、戦局・政局は進展していった。首相は小磯国昭から鈴木貫太郎（海軍予備役大将、元侍従長）に交替した。アメリカ軍はフィリピンの日本軍と戦っていたが、それはもはや戦争全体に影響をおよぼすものではなかったのである。武藤がフィリピンでの戦いの日々を綴《つづ》った日記がある。そのなかの八月九日に、次のような記述がある。

在留邦人約八〇〇を指導しうる西《にし》副領事来訪す。邦人は食糧不足と逐次《ちくじ》の移動とに依《よ》り身心さらに困憊《こんぱい》し最近は米側に引き渡さるゝを寧《むし》ろ希望する向《むき》さえ生《しよう》じありと。軍の現状如何《いかん》とも徹底的処置の講じ様《よう》なきも出来る限りの措置を採るべきに付《つき》今後共志《し》気《き》の昂揚《こうよう》を図る様要求して帰らしむ。

（武藤章「比島日記　貳」）

軍と共に移動を繰り返していた邦人たちの疲労が極致に達し、なかにはアメリカ側に引き渡されることを望む空気すらあったというのだ。武藤が約束できるのは「出来る限りの措置」を取ると言うことだけだった。

この日、中国大陸ではソ連が満洲に侵攻してきた。日ソ間には中立条約が結ばれていたものの、四月にはソ連側から同条約を延長しない旨の通知を受けていた。しかし、条約そのものは廃棄通告後もしばらくは有効であり、ソ連側の不法行為である。

武藤は翌十日、ソ連による対日参戦の事実を翌日のラジオ放送で知った。

東京放送に依《よ》れば「ソ」連軍は八月九日卑《ひ》怯《きよう》にも満洲国境を越境攻撃し日ソ交戦状態

に入ると宣言す。在満日本軍は之《これ》を迎え敢斗中《かんとうちゅう》なり。皇国は今や四境《しきょう》に敵を迎え戦局の前途予断を許さず真に興亡の関頭《かんとう》に立てり。（同右）

すでにドイツではヒトラーが自殺して連合国側に無条件降伏していた。残る日本はその圧力をすべて受けることになり、さらに和平の仲介役として頼っていたソ連の背信行為によってまさしく「四境に敵」「興亡の関頭に立」つ状態に陥った。

「比島日記 貳」

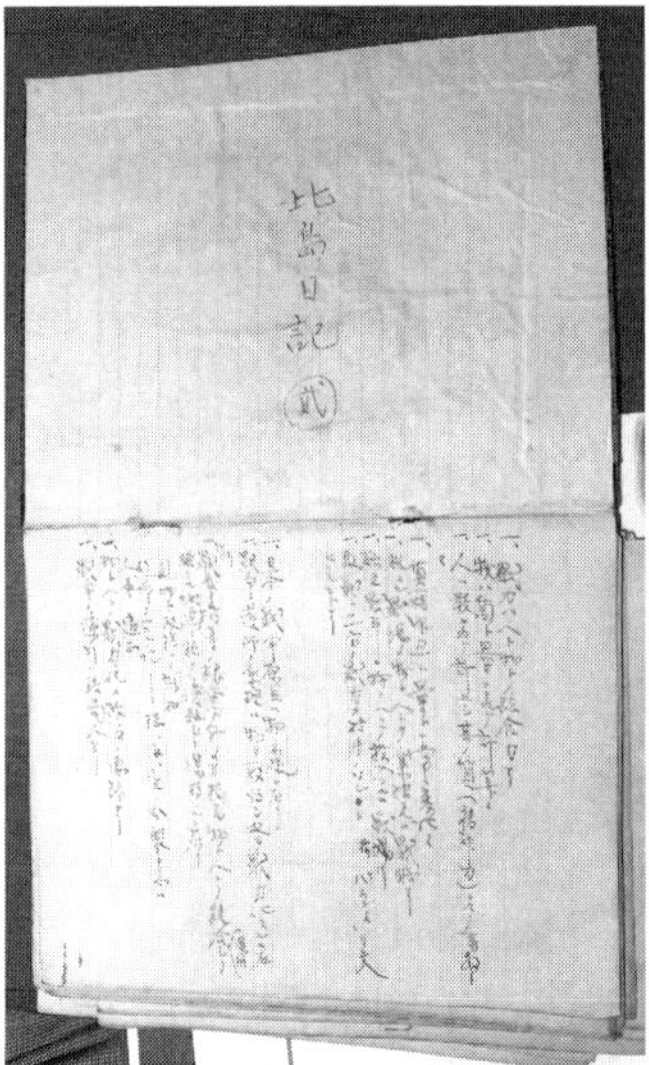

武藤自ら、フィリピンの戦闘他について克明に記している　（宮田家所蔵）

戦争終結

山下奉文、武藤らは、アシン河渓谷にある陣地で終戦を迎えた。対岸には敵も陣地を占めていたが、いつとはなしに夕暮れになるとおたがいに射撃をやめて川へ水汲《みずく》みに行き、翌朝になるとまた撃ち合う、という暗黙の了解のようなものが成り立っていたという(児島『史説 山下奉文』)。

いっぽうで、追い詰められた第一四方面軍司令部では、玉砕案も出ていた。しかし武藤は、玉砕は「言葉は美しいが実質がない」「体力気力の許すものはあくまで戦わねばならぬ」と、これを拒絶した(武藤『比島から巣鴨へ』)。玉と砕《くだ》けて散ってしまえばアメリカ軍は日本本土へ回す兵力が増える、というのである。

そして武藤らが到達したのは、次のような案であった。

複廓《ふくかく》陣地を固守する。連絡の絶《た》えている兵団と万難を排して連絡を回復する。複廓陣地内の食糧を極度に利用統制する。愈々《いよいよ》餓死線に達する以前に、なお精鋭を保持する部隊を以《もっ》てルソン西北部に脱出せしむ。残留部隊は複廓陣地を縮小して最後の反撃を行う。この際敵線を脱出してゲリラ隊に転化する機会を捕捉す。山下大将と私は統一指揮の終末と共に自決。

(武藤『比島から巣鴨へ』)

軍隊としてまとまった指揮が執《と》れる段階を過ぎれば、方面軍司令官と参謀長という「頭脳」は自ら消滅し、あとは各自のゲリラ戦に任せるというのである。

幸いと言うべきか、山下や武藤が自決する時は来なかった。昭和二十（一九四五）年八月十五日夜、軍の通信隊が東京のラジオ放送をキャッチし、終戦の大詔《たいしょう》が渙発《かんぱつ》されたことや陸軍大臣・阿南惟幾《あなみこれちか》が自刃したことなどを知った。十七日、改めてラジオでポツダム宣言受諾を決した御前会議の模様を知った武藤は、日記に次のような感想を記している。

「ラヂオ」放送にて十四日御前会議の御模様並《ならび》に停戦の大詔を拝して涙止《とま》らず。真に恐懼措《きょうくお》く所を知らず。

（武藤「比島日記　貳」）

南方軍からの正式な停戦命令は十九日夜半に届いたが、離れた場所の部隊とは連絡が途絶しており、知らせる手段がなかった。そして二十四日、午前十一時から司令部に近い丘の上で合同慰霊祭が行われた。この時、武藤は参会者に向かって次のような言葉をかけている。

「われわれの戦友の英霊《えいれい》は、今日の慰霊祭ではたして鎮《しず》まるであろうか。彼等《かれら》の御霊《みたま》は、プログ山の頂《いただき》やアシン川のほとりにさまよっているだろう。彼等の御霊は、祖国日本の復興によってのみ慰《なぐさ》められることと思う。われわれは、祭壇の前に、日本再興に邁進《まいしん》すべきことを誓《ちか》い合おうではないか……」　（宇都宮直賢『回想の山下裁判』）

第一四方面軍司令部はアメリカ軍側と折衝を行い、九月三日までにバギオの高等弁務官別荘に出頭し、降伏文書に調印することを命じられた。山下、武藤らは九月一日に司令部を出、途中一泊して九月二日にバギオ着。翌日、降伏文書の調印式に臨んだ（後述）。前日の九月二日は、東京でも戦艦ミズーリにてポツダム宣言への調印式が行われている。こうして、戦争は終わった。

フィリピンでの武藤について、部下はどう見ていたか。ルソン防衛などで武藤と意見を異《こと》にした小林修治郎は、武藤および山下の前任である黒田重徳《くろだしげのり》中将について次のように述べている。

黒田、武藤に関しては既述の如し。黒田は文章の人。武藤は政治の人。共に純軍人に非《あ》らず。共に頭脳明晰、着想優秀、特に武藤は断乎《だんこ》とした処置をやり独裁の才あり、人を人とも思わぬ剛腹《ごうふく》の所もあるが、その戦略思想は斯《か》くの如き作戦に不適。只《ただ》終始山下と一体となりこれに心服し奉仕した人として威服する。

（小林「比島戦についての質問解答」）

「作戦に不適」という表現は、武藤と小林が対立したことを考慮に入れる必要があるが、「独裁の才」（この場合は悪い意味ではないだろう）、「政治の人」と述べていることは注目に値する。やはり、軍務局長として辣腕を振るった武藤の能力は、前線にあっても発揮されたのだろう。

いっぽう、山下、武藤のもとで情報参謀として勤務した一木《いちき》千秋《ちあき》大尉は、二人と過ごしたフィリピンでの日々を次のように振り返っている。

戦略家山下大将、政略家武藤中将を合わせれば、普仏《ふふつ》戦争後の宰相モルトケや第一次大戦後の大統領ヒンデンブルグ元帥にも比すべき日本随一の将軍であった。武人であった。両将に仕えた比島一年半が、私の青春のすべてであった。

（一木千秋著、吉田勉編『アシン　回想の比島戦』）

一木によれば、参謀副長の宇都宮直賢《うつのみやなおかた》（少将）はたびたび武藤や山下について、次のような感想を漏らしていたという。

「武藤閣下には陸軍省時代余りよい感はしていなかったが、第十四方面軍、特に終戦処理については、さすが武藤閣下だ」……「二者一体の山下・武藤によって比島戦を生きのびたことを一木一生忘れるな」

（武藤法夫宛一木千秋書簡）

マニラでの戦犯裁判

昭和二十（一九四五）年九月三日、バギオの高等弁務官別荘の会議室において、連合国と日本との間で降伏文書の調印式が行われた。

調印式では、日本側に屈辱を与えるような措置が取られた。連合軍側には、かつてマレーで山下奉文中将（当時、第二五軍司令官）に降伏したイギリス軍司令官パーシバル中将がいたのである。フィリピンの戦いとは無関係なパーシバルがわざわざこの場にいたのは、日本軍、特に山下に「かつての敗将の前に頭を下げさせる」という意図があったと思われる。パーシバルの顔を見た山下はさすがにこれに気づき、

「私はあのとき、自決しようとさえ思った」

（児島『史説　山下奉文』）


とのちに述懐している。敗者としての屈辱を感じたのは武藤も同様だった。降伏文書への調印が終わったあと、武藤は参謀副長の宇都宮直賢に「流れる涙を拭《ぬぐ》いもせずに咽《むせ》ぶように」述べたという。

「今日は敗戦の悲哀を痛いほど味わわされたよ、あとのことはよろしく頼む」

（宇都宮『回想の山下裁判』）

山下、武藤らはＭＰ（憲兵隊）の護衛を受けて自動車で飛行場へ行き、そこからマニラに送られた。マニラに着いた一行が向かった先は、モンテルンパにあるニュービリビット収容所である。武藤らは、ここに捕虜として収容された。あとを託された宇都宮もまもなく、山下や武藤と同じ場所に収容されることになる。収容所での待遇は当初、悪いものではなかった。食事もアメリカ兵なみのものが与えられていたが、アメリカ軍の憲兵司令官が視察に訪れた際、日本軍はアメリカ軍捕虜にこんな良い待遇はしなかったと激怒し、翌日から収容者たちの食事は「質量ともにひどいもの」に格下げされる（同右）。

山下はその後、軍事裁判にかけられる旨の通告を受ける。山下にはアメリカ側から六人の法務将校が弁護団としてつけられた。第一回の公判は昭和二十（一九四五）年十月八日に行われ、ここで山下は補佐弁護人として武藤と宇都宮を希望し、受け入れられた。こうして武藤は、ふたたび山下の補佐として活動することになる。山下は、どのような理由で起訴されたのか。

「日本帝国陸軍大将山下奉文は一九四四年十月九日より一九四五年九月二日の間、マニラ及びフィリピン群島の他の地点におけるアメリカ合衆国及びその同盟国との戦争において、日本軍司令官たりし時、指揮下の兵員の行動を統制するという司令官の任務を不法に無視し、その遂行を怠《おこた》り、彼等《かれら》のアメリカ合衆国人及びその同盟国人、属領人、特にフィリピン人に対する残虐行為及びその他の重大犯罪を許した。かくて、彼山下奉文は戦争法に違反した。」（A・フランク・リール著、下島連訳『山下裁判　上』）

山下の弁護人フランク・リールは、この起訴状に次のような疑問を呈している。

しかし、被告は特に何をしたというのであろうか？　起訴状は被告は「任務の遂行を怠った」と言っている。いつ？　どこで？　日附と場所は？　起訴状には彼は部隊の残虐行為を「許した」とある。それは彼が実際に許可を与えたことを意味しているのだろうか？　それとも、それは任務を遂行することを怠ったことの自動的な結果を意味しているのであろうか？　もし、前者だとすれば、そのような許可がいつ、どこで、誰に、何を目的に与えられたのであろうか？　（同右）

山下、武藤らは当初からマニラを放棄する予定であった。しかし、実は海軍側の一部がこれに同意せず、マニラでも戦闘が発生してしまった。それは壮絶なものであり、残念ながら日本側による民間人への暴行、殺害もかなり発生した。同時に、アメリカ軍の砲爆撃による民間人の被害者も相当な数に上った。

山下は、もちろん一般住民の殺害を命じたわけではない。しかし、指揮官として「部隊を制御できなかった」という責任を問われることになったのである。

山下奉文の刑死

山下奉文は当初、裁判で黒白《こくびゃく》を争うつもりはなかったようだ。「つまりは、わしの首が欲しいらしいな。この首ひとつで片《かた》がつくなら、やるか」と述べていた。それを武藤が「裁判ですから、とにかく白黒《しろくろ》のけじめはつけなくてはいけません」と説得し、さらに弁護団の熱意もあって、そのような言葉を口走ることはなくなった（児島『史説 山下奉文』）。

武藤は、山下の裁判に力のおよぶ限り協力した。山下から話を聞き出し、裁判所に提出する山下の伝記を書いたのも武藤である。

しかし、収容されてから裁判の準備を始めた日本側に対し、連合軍側ではすでに戦時中から証人や証拠集めを始めており、情報量に圧倒的な差があった。弁護団は旧敵国の軍人たちにもかかわらず、できうる限りの弁護を行ったが、その努力はついに実らなかった。

山下の判決が下されたのは、昭和二十（一九四五）年十二月八日——四年前に日本が戦争の火蓋《ひぶた》を切ったまさにその日——現地時間十二月七日のことである。判決は、絞首刑であった。軍人として戦死と同じ名誉ある銃殺ではなかった。

武藤はこれに大きな不満を抱いた。通訳から山下の判決を聞かされた武藤は「不機嫌な顔で」、声高《こわだか》に「なぜ米軍は、大将を軍人らしく銃殺刑に処することができないのだろうか」と言ったが、山下はこれを咎《とが》めるような目で見た（宇都宮『回想の山下裁判』）。

武藤は判決が下されたあと、山下に向かって「私どもの努力が足らなかったためにこんな結末となり、まことに申し訳ありません」と涙声で詫《わ》びたが、山下は「いろいろ世話になったね。厚く礼を言うよ」と武藤らの労をねぎらったという（同右）。

裁判中も判決が下された際も、山下はさすがに動揺の色を見せなかった。山下の秘書役として補佐した保木国義《まききくによし》によれば、彼は武藤の影響で、よく俳句を作っていたという。山下は一句できると、武藤に批評を頼む。

「これじゃ、俳句にも何にもなっておりませんよ」

「そうかな」

などと屈託なく笑い、話し合われていた。自分の任務にすべてを捧《ささ》げつくした人間同士の、呼吸の合ったリベラルな、なごやかな情景は、まだ鮮やかに記憶に残っている。

（保木国義「山下将軍の雨ガッパ」）

山下の死刑が執行されたのは、翌昭和二十一（一九四六）年二月二十三日のことである。マニラで法廷の警備にあたっていたアメリカ軍憲兵オーブリー・S・ケンワージー少佐（のち中佐）は、判決の日の山下について次のように述べている。

判事たちが法廷に入ってくる直前、私はふと彼の両眼をのぞきこんでみた。今やまさに下らんとする判決を前にして、さすがの将軍の両眼にも、不安のかげが宿っているのではないかと心配になったからである。だが、不安のかげなど全然認められなかった。彼は厳然と身動きもせずに立っていた。しかしその態度のうちには、ちょっとでも反抗を思わせるようなものはなかった。毅然《きぜん》として犯《おか》すべからざるものはあったが、しかしドイツの軍人が「気をつけ」の姿勢をとった時のような傲慢さは微塵《みじん》も認められなかった。……将軍のような人物と、あのように親しくつきあえたということは、私にとっての一生の光栄でさえあったといえる。まことに私は、将軍から数多くの人生の貴《とうと》い教訓を学びとったのである。（S・ケンワージー「米憲兵隊長・市ヶ谷の記録」）

山下とケンワージーは、言語による意思疎通はできなかった。しかし山下は、その態度によって直前まで血みどろの死闘を繰り広げていた敵国の軍人の尊敬を勝ち得たのである。もちろん、ケンワージーだったからこそ、偏見なく山下という人物を受け入れられたということもあるだろう。

この勤直で職務精励な憲兵将校の役割はまだ終わらなかった。彼は山下の処刑実行後、今度は日本の東京で任務に就くことになった。法廷では警備というスポットライトの当たりにくい任務でありながら、その舞台の大きさから彼は時折、人の眼にとまることになる。その舞台とは東京裁判である。

そして、その場には被告人として召喚された武藤の姿があった。マニラで山下を介してかかわった二人の男は、東京で再会することになったのである。

終章

東京裁判、そして死

A級戦犯容疑者

武藤が思いがけず東京の地を踏み、巣鴨拘置所に収容されたのは、昭和二十一（一九四六）年四月九日のことだった。A級戦犯容疑者として巣鴨に収容され、起訴されたのは武藤や東條英機ら二八名である。

容疑者のなかで特筆すべきは、思想家で昭和維新運動に影響を与えた大川周明《おおかわしゅうめい》だろう。大川は東京帝国大学卒業の法学博士で、南満州鉄道株式会社（満鉄）に入社、やがて猶存《ゆうぞん》社《しゃ》という政治結社を結成し、陸海軍人とも接触を持った。橋本欣五郎《はしもときんごろう》（戦犯容疑者として起訴）らのクーデター未遂事件にも関与し、五・一五事件では実際に禁錮五年の判決を受けている。

裁判は昭和二十一年五月に始まったが、大川は唯一の民間人だった。確かに、大川は北《きた》一輝《いっき》と並ぶ昭和戦前期の著名な思想家であり、その影響力は侮《あなど》れないものがあったが、彼自身が軍や政府の要職に就いたわけではない。しかも、その影響力は太平洋戦争の開戦にはほとんど関係がなかった。

そうした意味で、大川は異色の存在だったが、法廷（東京・市ヶ谷《いちがや》の陸軍士官学校が使用された）に入ってくる時も下駄ばきにパジャマという異様なもので、さらに起訴状が読み上げられている最中に前の席に座っている東條の頭を平手で叩くなど、奇行が目立った。大川の奇行は二日目も続き、結果として「精神異常」の判断が下されて戦犯容疑者の枠から外されることになった。

さて武藤だが、彼自身は最初この裁判を割合に楽観視していたようだ。同じく戦犯容疑者として収容されていた笹川《ささかわ》良一《りょういち》（元・衆議院議員、日本財団の創設者）によれば、死刑を覚悟していた板垣征四郎に対し、武藤の態度は対照的だった。

板垣が、最初から首だと覚悟しておるのとは正反対なのが武藤であった、これも武藤とすれば無理からぬ処《ところ》で、如《い》何《か》に東條政権に於《お》ける立役者であったとは言え、其《そ》の官位からすれば彼は一

囚われの身

巣鴨拘置所にて

介の局長である。軍務局長を止《や》めてからは山下奉文大将の旗下《きか》に参加して比島作戦に従軍した単なる武弁《ぶべん》、どう考えても大臣大将と同列に置き得ない地位の低さがある。それが彼をして己《おの》れの判決を非常に軽いと見た所以《ゆえん》で、日本流の解釈に依《よ》り日本流の判決前例から見れば、当の武藤ならずとも凡《すべ》てが一応考える処である。

（笹川良一述、桜洋一郎編『笹川良一の見た巣鴨の表情』）

だからといって、武藤が思わぬ判決に取り乱したり、覚悟ができていなかったわけではない。この点については、後述する。

田中隆吉の証言

武藤が裁判にかけられるにあたって、重要な役割を果たした人物がいる。元兵務局長の田中隆吉である。既述の通り、武藤は綏遠事件で田中の後始末を行った。田中はその後、憲兵などを所管する兵務局長となり、戦争中の昭和十七（一九四二）年に陸軍少将で予備役になっている。

田中は東京裁判が開始されるにあたり、検察側の協力者として表舞台に姿を現した。田中は東京裁判が始まる前の昭和二十一（一九四六）年三月二十日、国際検察局（IPS）の尋問を受けており、そこで武藤の〝悪行〟を並べ立てる。田中によれば、武藤は米内光政内閣の時（昭和十五年七月）、陸軍大臣の畑俊六を通じて三国同盟締結を要求したという。

米内首相が耳を貸さなかったところ、武藤は畑に陸相を辞任するように言った。米内は「辞めたいなら辞めてもらっても結構だ。しかし、代わりの陸相を出してもらいたい」と切り返した。ところが、陸軍は畑に「陸軍としては陸相の後任者の名前など出せない」と返事させた。

（ジョン・G・ルース著、山田寛訳、日暮吉延監修『スガモ尋問調書』）

田中は裁判でも同様の証言をしているが、昭和二十二（一九四七）年十一月十三日に行われた裁判で、武藤は真っ向から反論している。

米内内閣の総辞職は畑陸軍大臣が軍務局の主張する三国同盟の締結を要求したけれど意見の一致を見ないので畑大臣が辞職したからだと田中隆吉は証言しましたが、それは絶対に間違いであります。畑陸軍大臣の当時、三国同盟の締結を政府に要求したことは全然ありませんでした。(極東国際軍事裁判所編『極東国際軍事裁判速記録 第7巻』)

武藤いわく——米内内閣は当時ヨーロッパで勃発していた戦争に不介入の態度を取り、畑もこれを支持していた。それがなぜ辞表を出して米内内閣倒壊の原因を作ったのかといえば、参謀本部が「一刻も速《すみや》かに支那事変を終結しようと焦《あせ》って居《お》り」、そのためにドイツの仲介を欲していた(同右)。さらに今後の国際情勢の変転を考えて国内体制の強化を要求していたが、米内はこれに冷たい態度を取っていた。そこで、当時枢密院議長を辞していた近衛文麿が新体制運動を進めており、輿望《よぼう》はこれに集まっていたというのである。

ちょうどその頃、一九四〇年六月下旬より七月初《はじめ》にかけ約十日程の間私は満州皇帝の接待役で陸軍省を留守にしていましたが、陸軍省に帰って見ますと参謀長から陸軍大臣に宛《あ》てて局面打開に就《つ》き善処せよとの公文《こうぶん》が送付されていました。此《こ》の種のことに公文を以《もっ》てするのは非常に強硬な意志表示であります。畑陸軍大臣は色々苦心せられましたが思うように参《まい》らず参謀本部と政府との板挟みとなって遂《つい》に辞表を出すの已《や》むなき状況に立至《たちいた》ったのであります。私の知る限り畑陸軍大臣の辞職は三国同盟に関する意見の相違によるものではありません。（同右）

当時、参謀総長は皇族の閑院宮載仁親王だった。畑にとって、単に先輩というだけでなく、異《い》を唱えづらい相手だったのである。実際、畑の日記（昭和十五年七月四日）によれば、午後に参謀本部より次長の澤田茂が訪れ、「総長宮殿下の捺印」のある覚書を提出している。この覚書を読んだ畑は「こゝまで追い込まれては余として当然進退を明にせざるべからざることゝなれり」と記している（畑他『続・現代史資料(4)　陸軍　畑俊六日誌』）。

つくられた武藤像

「武藤は畑に陸相を辞任するように言った」のが本当ならば、まさしく傲慢不遜を絵に描いたような人物像ができあがる。陸軍の中枢にいる武藤が、上司の畑俊六に要求して米内光政内閣を倒した、という構図である。

しかし、その構図は修正される必要があるだろう。順に説明したい。

畑は、参謀総長の閑院宮載仁親王から要望書を渡された五日後の昭和十五（一九四〇）年七月九日、閣議で米内に対し、近衛文麿に政権を渡して自分たちもこれを支えるべきではないか、と述べている。対して、米内の返答は畑の意見に賛意を示すものだった。

総理は余《よ》も同感なり、何も政権にかじりつき度《たし》などの考《かんがえ》なし、独《ひと》り近衛公のみならず誰でも我々はベストを尽《つく》しあるが、ベッターをなすものならば快《こころよ》く渡す考なり、この考は未《いま》だ何人《なんぴと》にも語りあらずとの返答に、余は其《その》総理の決心を聞き甚《はなはだ》愉快なり。

（畑他『続・現代史資料(4) 陸軍 畑俊六日誌』）

つまりこの時点では、米内は政権への未練はなく、参謀総長からのプレッシャーを受けた畑の意見に同調するかに見えたのである。

しかし、これが七月十六日になると一変する。米内は「威丈高《いたけだか》」になって「苟《いやし》くも大命を奉《ほう》じて内閣を組織」した以上、大義名分に則った理由でもなければ、天皇に「御暇《おいとま》を頂戴する」ということは言えない、さらに畑が譲らないのであれば「辞表を出して貰《もら》うの外《ほか》なし」などと述べたのである（同右）。畑はあらかじめ辞表の用意はしていたものの、辞めろと先に言い出したのは米内だったのである。

加えて、米内は畑が辞めるに際し、後任の陸相を推薦するように述べた。畑は「撰定《せんてい》は困難なるべし」と返答するが、米内は「然《しか》らば后任《こうにん》は出ないと諒解して可《か》なりや」と畑に意思決定を迫った。畑は「それは困る、何《いず》れ三長官（陸軍大臣、参謀総長、教育総監）に謀《ママ》りて夕刻までに御返事すべし」として一旦別れて三長官会議に諮り、再び開かれた臨時閣議で改めて撰定困難の意を伝え、米内内閣は倒れることになった（同右）。

一連の経過を見ると、武藤は米内内閣を倒した主役ではない。それは武藤本人が言っているように、満洲国皇帝・溥儀の接待役を命じられたという理由もあるだろう。

筒井清忠《つついきよただ》帝京大学教授は、米内内閣倒壊については長年「多くの人が軍部大臣現役武官制による倒壊の典型例というようなイメージ」があり、それにはやむを得ない面がある、新史料の発見があってからも一般のそれはあまり変わっていない、としている（筒井清忠『昭和十年代の陸軍と政治』）。

確かに、陸相は現役の大・中将に限る、という規定がある以上、畑が後任の「撰定は困難」と述べれば、内閣は総辞職するほかない。筒井教授も、米内が「後任を得られなかった場合の対策」をまったくしておらず、宇垣一成や林銑十郎と比較しても無策に等しい、「いうまでもなく出してもらわないことが目的だからである」と指摘している（同右）。

しかし、後任陸相が得られなかったことを軍部大臣現役武官制のみに帰するわけにはいかない。その「本質的原因」は、「ヨーロッパ情勢の激変とそれを背景にした近衛文麿の新体制運動・政権担当意志の方にあった」からだ（同右）。

武藤が後世に「悪名」を残した事件の一つである米内内閣の倒壊は、武藤本人の責任はそれほど重くなかったのではないだろうか。

判決にニヤリ

武藤の弁論は四日間にわたって行われた。その模様を傍聴した新聞記者は、次のように描写している。

四日間に亘《わた》る武藤弁論は彼独特の理論と能弁を以《も》って田中隆吉証言に対抗し、法廷に日頃のウップンをぶちまけたかの観があった。

（讀賣法廷記者著、清瀬一郎校閲『25被告の表情』）

武藤と親しい矢次一夫は、田中隆吉が戦後出した著書を「全くいい加減な内容である」と断じ、特に武藤に関する言及は「すべて逆であるか、作り話に過ぎぬ」とほぼ全面的に否定している（矢次「陸軍軍務局の支配者」）。

矢次によれば、田中の証言に憤慨した武藤の弁護人ロジャー・コールは、矢次を証人として召喚し、田中も引っ張り出して立ち合い尋問をやらせようとしたらしい。矢次も武藤のためならばと引き受け、武藤を含めてさまざまな打ち合わせを行っていた。しかし、三度目の打ち合わせで矢次が証言する内容について話し合っていた時、武藤は次のように言ったという。

矢次君、折角《せっかく》だがこの計画はよそう。君の好意は感激に堪《た》えぬが、この戦争裁判を段々見ていると、アメリカの対日占領政策における政治的ショウだということがはっきりした。そこへも一つ、君と田中とが、僕を加えて茶番劇を追加するというのでは、ちょっとやり切れない。田中の言ったことなど、僕はもう何とも思っていないし、アメリカは、宣伝価値のある何人かは、必ず絞首刑にするだろうし、その中に加えられれば、比島で死ぬ筈《はず》の僕にとって、先輩同僚と賑《にぎや》かに死ねる光栄をこそ喜ぼう。田中が言ったこと位《くらい》で、アメリカが僕の生死を決めるとは考えられぬ。

（矢次「陸軍軍務局の支配者」）

武藤は、裁判では田中に激しく反論したが、その証言を恨《うら》みに思うほど田中を重視していなかった。

いっぽうで田中は、武藤の死に引け目のようなものを感じていたようだ。昭和二十八（一九五三）年秋、田中のもとを訪れてインタビューを行った秦郁彦《はたいくひこ》（現代史家）によれば、田中は締め切った部屋のなかでびっしょりと汗をかきながら、途中「何かに怯《おび》えたような表情」を見せ、きょろきょろとあたりを見回しながら「武藤の幽霊が出るんだ」とつぶやいたという（秦郁彦『昭和史の軍人たち』）。

武藤の陸士同期である三国直福《みくになおとみ》（中将）も、武藤と田中の関係について「武藤の方からはライバルでもなければ何の関係もないと思われる」と記している（武藤・上法『軍務局長 武藤章回想録』）。武藤に恨まれているという思いこそ、田中自身が作り出してしまった「幽霊」だったのかもしれない。

武藤らに判決が下されたのは、昭和二十三（一九四八）年十一月のことだった。判決文の朗読は四日から始められ、起訴された全員が有罪とされた。個人への判決が言い渡されたのは十二日である。一人一人が法廷に呼ばれ、刑が言い渡された。

武藤被告は大マタで入ってきた。絞首刑――固く結んだ口元を一瞬ニヤリと崩してくるりと回れ右。

（朝日新聞法廷記者団『東京裁判　下』）

判決を聞いて「ニヤリ」とした武藤は何を思ったのだろうか。予想通りという、シニカルな心境だったのだろうか。

武藤の「罪」とは

では、武藤は何の「罪」によって有罪を宣告されたのだろうか。

判決文では、武藤が松井石根（死刑判決）中支那方面軍司令官の参謀副長として南京を攻略した際、日本軍によって「南京とその周辺で、驚くべき残虐行為」が犯され、松井と同じく武藤もその行為を知っていたことについて「われわれはなんら疑問ももっていない」とする。しかし、武藤は当時それほど高い地位にはなく（参謀長は塚田攻少将であり、武藤は大佐）、「それをやめさせる手段をとることができなかったのである」として、いわゆる「南京事件」については免責している（朝日新聞法廷記者団『東京裁判 下』）。

南京事件については今も論争が絶えないが、東京裁判では事件があったこと自体は認め、さらに武藤がそれを知っていたことまで指摘しながら、阻止できる立場ではなかった、と見なされたのである。

ただし、武藤が近衛師団長および近衛第二師団長を務めていたスマトラでは、「捕虜と一般人抑留者は食物を充分に与えられず放置され、拷問《ごうもん》され、殺害され、一般住民は虐殺された」（同右）。武藤はその責任者の一人とされた。さらに、フィリピンで山下奉文第一四方面軍司令官の参謀長となった際は「南京暴虐事件」の時とは異なり、「方針を左右する地位にあった」（同右）。

この参謀長の職に就いていた期間において、日本軍は連続的に虐殺、拷問、その他の残虐行為を一般住民に対して行なった。捕虜と一般人抑留者は、食物を充分に与えられず、拷問され、殺害された。戦争法規に対するこれらのはなはだしい違反について、武藤は責任者の一人である。

（朝日新聞法廷記者団『東京裁判　下』）

要するに、武藤が問われたのは「不作為の罪」だったと言えるだろう。田中隆吉の証言は、直接的にはあまり関係がなかったのである。

死刑判決を聞いた時、被告である武藤以上に動揺した人物がいる。かつてマニラで武藤と接触があったアメリカ軍憲兵のオーブリー・S・ケンワージー中佐である。ケンワージーは、起訴された戦犯容疑者のなかで「一番親しくしたのは武藤中将だったろう」と述べ、判決を聞いた時の心境を、次のように振り返っている。

裁判長の「死刑」という宣告をきいた時、私の両脚はがくがくと震《ふる》え、一時あたりが真暗になるような気がした。私は自分の耳を疑った。

（S・ケンワージー「米憲兵隊長・市ヶ谷の記録」）

ケンワージーの動揺は相当なものだった。彼は、もしその場で二人（武藤とケンワージー）を仔細《しさい》に観察した人がいれば、「死刑の宣告を受けたのが、果《はた》してどちらなのかと疑ったにちがいない」とまで述べている。

武藤はとてもしっかりしていた。これに反し、私は顔色蒼然《がんしょくそうぜん》として、今にもよろめき倒れそうな恰好《かっこう》だったようだ。というのも、私は裁判が始まってからずっと、彼の罪は比較的軽いと信じ、死刑などは夢にも考えていなかったからである。宣告が終《おわ》り、武藤中将と私が肩を並べて被告席を退出する時、私は彼をなんと慰《なぐさ》めていいのか、いうべき言葉を知らなかった。かえって武藤の方から声をかけた。「あまり気にしないで下さい。これでいいんですよ」（同右）

前述のように、笹川良一は武藤の態度を楽観的と評していたが、楽観的だったのは「勝者」側であるケンワージー中佐も同じだったのである。それでも、武藤は途中から自分が重い罰を受けることを予想し、いざ死刑判決の時も取り乱すことなく、逆にケンワージーを慰めるほどだったのである。

死を前にして

判決を受けた武藤は、待機場所である食堂に戻った。武藤が六人目で、一人一人の前に憲兵が立っていた。しばらくすると東條英機が入ってきた。武藤は憲兵にタバコを吸う許可をもらい、東條、松井石根、木村兵太郎（元陸軍次官、死刑判決）らに分け、火をつけた。

東條は、武藤に次のように述べたという。

「君を巻添《まきぞえ》に会わして気の毒だ。まさか君を死刑にするとは思わなかった」

（武藤『比島から巣鴨へ』）

武藤は落ち着いていた。それでも、まったく無反応であったわけではない。拘置所に戻り、判決の翌日に目が覚めると「俺は死刑囚だ」と気づき、「心臓がドキッと打った」（同右）。午後になると、隣の房を訪問してよいということになったので、武藤は東條のいる房に赴いて、家族や宗教の話をした。東條が「君の家は、後どうなるかね」と聞くと、武藤は「どうにか生き抜くでしょう」と答えた（同右）。続いて、話は宗教に移った。武藤は、自分の死生観について次のように語った。

「私は子供の時から両親に伴《ともな》われて寺詣《てらまい》りをし説教もききに行きました。その後、尉官時代に生死の問題に悩み、禅《ぜん》や日蓮や基督《キリスト》を研究してみましたが、どれもこれも、信仰と云《い》うまでに至っていないのです。現在の心境では何か唱えるとすれば、やはり『なむあみだぶつ』です。それよりも私として格別死を恐れしめないのは、母の膝下《しっか》に行けると云う気持です。私は末子で、特に母の慈愛を占有していました。私はスマトラの師団長時代から急に母の恋しさが湧いてきまして、その後苦戦の場合もいつも母を思うことに習慣づけられました。巣鴨に来てからも、何かにつけ母を思うのです。私は宗教的に霊魂問題をどうのこうのと云うのではありません。私は私の死の瞬間に母の懐《ふところ》に入る気がします。私は小学校に通うころまで、母の乳房を吸っていました」

（同右）

武藤は少なくとも、昭和二十二（一九四七）年はじめ頃には死刑を覚悟していた節がある。この年二月、浅間山《あさまやま》の療養所で病気療養に専念していた石井秋穂のもとに、武藤の弁護団を手伝っていた二宮義清（元陸軍大佐）が訪ねてきた。二宮の要件は、石井に武藤の弁護に協力してほしい、というものだった。石井はこれを快諾し、やがて宣誓口供書を作成した。武藤も石井に感謝し、お礼の手紙を弁護士を通じて石井に渡している。

君が病気にも不拘《かかわらず》非常な有利な証言をして呉《く》れて、真に嬉しく存じます。当時の事柄は僕も大分《だいぶ》忘れていたが、君の証言を読み色々思い出し、君が参謀本部の連中と、後では軍事課の人々とも議論して軟弱論者と譏《そし》られていたのをハッキリと回想しています。……君は病気であるし、僕の運命は決定的だと覚悟しているので、お互いに御会《おあ》いする機会はもうないかも知れぬ。然《しか》し春も近い。一度春が来れば信州の山々も雪が溶けて野面に花も咲くことだろう。お互いに最後まで戦いぬくことにしましょう。

（武藤・上法『軍務局長 武藤章回想録』）

石井は、これに対して次のように返信した。

「私の補佐が悪かったため祖国をこの惨状に陥《おとしい》れ、諸上司にご迷惑をかけ同胞に塗《と》炭《たん》の苦《くるしみ》を味わせました。誠《まこと》に申し訳がありません。私は生き永《なが》らえて時《とき》到れば真相を語るでありましょう」

（同右）

石井は、本当は武藤の手紙に匹敵する長いものを書こうと思ったという。しかし、「万感《ばんかん》交錯《こうさく》、涙が溢れてペンが動かなく」なってしまった（同右）。それでも、石井はやがて太平洋戦争開戦に至る軍務局の動きについて貴重な史料を残し、あるいは回顧録を綴り、武藤との約束に応えたのである。

かくして、武藤を含めたA級戦犯たちは、昭和二十三（一九四八）年十二月二十三日に巣鴨で絞首刑となった。この日は、昭和天皇の長男・明仁皇太子（現・上皇）の誕生日である。

武藤は、母の懐へ還《かえ》った。

武藤章と昭和史

武藤章は、昭和陸軍のなかでも独特の存在感を放っている。皇道派青年将校には強い態度を取り、二・二六事件後に成立した広田弘毅内閣では組閣に介入した。盧溝橋事件後は強硬派の代表格として石原莞爾と衝突し、同期の田中新一と共に、内地から軍の派遣を推し進めた。

軍務局長となってからは、近衛文麿をトップとした新体制運動に参画し、政治力を結集して日中戦争の解決を目指した。国際情勢が緊迫すると、対米交渉の妥結を目指して参謀本部と衝突し、何とか開戦を避けようとした。

事志《ことこころざし》と違《たが》い、アメリカと戦端を開くと、戦勝に沸く日本を離れ、師団長としてインドネシアのスマトラに赴任する。戦局が悪化してからはフィリピンで第一四方面軍の参謀長となり、過酷な戦いを強《し》いられた。最後は東京裁判において、A級戦犯として有罪判決を受け、刑場の露《つゆ》と消えた。

武藤が担当した職務で、特に日本の歴史に影響を与えたものは、盧溝橋事件と日米交渉であろう。二つの歴史的事象における武藤の態度は一見、正反対に見える。しかし、武藤にすれば、その時その時、最善と思われる措置を取ったということなのかもしれない。

盧溝橋事件が発生すると、居留民や支那駐屯軍の保護、日本の権益の擁護を最優先し、さらに中華民国の実力を考えて、一挙にカタをつけることが、武藤の「最善」だった。結果的に、その目論見《もくろみ》ははずれ、日中の戦争は長期化してしまう。

いっぽう、日米交渉では別の結論になった。アメリカと戦うことはきわめてリスクが高く、できれば外交交渉によって事を収めることが「最善」と考えた。皮肉なことに、アメリカとの戦争は武藤の懸念があたり、彼自身が勝者による法廷で裁《さば》きを受けることになった。

現在から見れば、是が非でも日米開戦を避けるべし、と簡単に言える。しかし、少なくとも武藤の立場では、アメリカの求める条件をすべて受け入れてまで外交に賭けることは困難だった。もちろん、武藤は対米戦争の無謀さを理解しており、だからこそ苦悩したのである。彼が湯沢三千男や岡田菊三郎に戦争という決断をしなければならなかったことについて苦衷《くちゅう》を吐露したのも、その証左だろう。

しかし、対米交渉で苦労した根源に、自身がかつて主導した盧溝橋事件の拡大があったこともまた事実である。武藤はかつての自分の行動を想起し、何を思ったのだろうか。

いわゆる「軍による政治への介入」も表面だけを擦《なぞ》っていては、真の姿は見えてこない。陸軍が広田内閣の閣僚選定に条件をつけたり、米内光政内閣を総辞職させた事実だけを見れば、まさしく「横暴な陸軍」そのものである。しかし、実際はこれまで述べてきた通り、単に陸軍が自分勝手な野心だけでそのような行動を取ったとは言えない。

不運なことに武藤はその時、外部との折衝の一端を担い、目立つ存在となってしまった。さらには、自分で認めるほど押しが強く、傲慢と言われても気にしない人物だったことも、人々の印象に強く残る原因だっただろう。

戦後長らく、陸軍、特に二・二六事件以降に軍内部の主導権を握った統制派の軍人たちは悪役のイメージに塗り固められてきた。そのなかでも武藤は、ある時期まで主役級の一人だった。当然、傲慢不遜な性格はそのまま昭和陸軍の性格を投影したような形で理解され、他の一面は切り捨てられてきた感がある。

しかし現在、こうした陸軍像は研究者だけでなく、一般の人々の間でも変わりつつある。武藤章という軍人に焦点をあてることで、陸軍像のみならず、昭和史そのものの複雑さもより鮮明になるのではないだろうか。

おわりに

武藤章は複雑な人物である。歴史の上に見える軌跡を辿れば、まさしく「傲慢不遜」「無徳」という呼び方が相応しい人物に見える。ところが、実際はそう単純ではない。本文で述べてきたように、武藤は終始一貫した対外強硬派というわけでもなく、自説をいつまでも固持して譲らない人物でもなかった。

わかりやすいのが、インドネシア統治に関する武藤の態度だろう。当初、温情的な統治手法を採る今村均に対し、武藤は批判的だった。ところが、自分がスマトラで師団長を務めると、あっさりと自らの非を認め、今村の統治手法が正しいことを認めた。この事実は今村の自伝だけではなく、副官である稲垣忠弘の回想でも述べられている。過ちを認めるのに拘《こだわ》りがないのは、武藤の人間性であろう。

私生活では、子煩悩《こぼんのう》な良き父親だった。娘の千代子を可愛がったことはもちろん、甥の法夫をわが子のように思っていた。さらに、彼は生家や故郷を愛し、その痕跡は今も残されている。たとえば、武藤が自ら植えた肉桂《にっけい》（クスノキ科の常緑樹）は今も大切に守られ、過去と現在を繋いでいる。

もちろん、歴史上の人物の評価をするのに、公的な面と私的な面は分けて考えなければならない。いくら家族に優しくとも、それが公的な立場の言動・行動の評価を左右するものではない。ただし、どんな政治家や軍人でも、それが「人間」である以上、私的な面を知ることは無駄ではないはずだ。親族と同僚の評価がまったく違うものであっても、その時は「なぜそのような乖離《かいり》が起きたか」を考えるきっかけになる。

武藤は強硬論者的な側面もあるが、同時に柔軟性も兼ね備えていた。この点が、武藤の「わかりづらさ」の原因であろう。傲慢な面もあったかもしれないが、けっして自己中心的な人物ではなかった。だからこそ、戦犯として裁かれながらも彼の思い出を語って花を手《た》向《む》ける人間が少なくなかったのである。本書が、武藤章という人間、そして彼が体現したかのような複雑な「昭和史」を考えるきっかけの一つともなれば幸いである。

本書を執筆するにあたり、さまざまな人々のお世話になった。

まず、福岡で医院を開業されている武藤邦弘氏・京子氏ご夫妻である。お二人には写真や史料をご提供、および話を聞かせていただいたが、邦弘氏以上に京子氏が詳しいのには驚かされた。聞けば、義父・法夫より叔父である章の話をよく聞いていたという。お二人が管理する品々は、武藤章の歩みを今に伝える貴重な史料であると言えよう。

また、章の孫にあたる宮田裕史氏にもお世話になった。「家が空襲で焼けてしまったので、あまり残っていません」とのことだったが、それでも母・千代子から聞いた話や武藤の手による「比島日記 貳」など、さまざまな面で参考にさせて頂いた。

両家の取材前にご教示を仰いだのは、須磨友が丘高校教諭の笠松《かさまつ》弘《ひろし》氏である。笠松氏は、修士論文として「太平洋戦争期・陸軍の対外観」を書かれており、その際、当時存命だった宮田千代子、武藤法夫など章を直接知る人々に取材している。笠松氏の論文は、武藤を知ろうとする者に大きな示唆を与えてくれるはずである。

さらに、書き始める段階でＳＮＳ上で武藤関係の数々の知識を教えていただいた方に「をくの」さんがいる。「をくの」さんは武藤章という軍人そのものに強い興味を持っており、個人で深く武藤の調査をしている。武藤について書かれた文献、関連する人物など、多くのご教示を受けた。右に挙げた人々には深く感謝申し上げる。

最後に、拙著をいつも楽しみにしてくださる読者の方々、あるいは、はじめて拙著を手に取ってくださった方々。昭和史について書かれた数多《あまた》の本のなかで拙著を手に取ってくださる皆様に、最大の感謝を捧げたい。

参考文献

未刊行史料

「海外差遣者報告目録（追録第4号）(1)」（アジア歴史資料センターRef.C15120232100、防衛省防衛研究所）
「17 十一月七日提示 甲案」（アジア歴史資料センターRef.B02030731800、外務省外交史料館）
「将校海外差遣の件」（アジア歴史資料センターRef.C03011779000、防衛省防衛研究所）
「情勢ノ推移ニ伴フ帝国国策要綱 昭和16年7月2日」（アジア歴史資料センターRef.C12120183800、防衛省防衛研究所）
「昭和16年9月6日 帝国国策遂行要領」（アジア歴史資料センターRef.C12120238900、防衛省防衛研究所）
石井秋穂「石井秋穂大佐回想録」（防衛省防衛研究所所蔵）
石井秋穂「石井秋穂大佐日誌 其二」（防衛省防衛研究所所蔵）
石井秋穂「昭和十六年後半期の最高国策 補正」（防衛省防衛研究所所蔵）
河村参郎「陸軍省軍務課在職当時に於ける主要事項に関する私記」（防衛省防衛研究所所蔵）
櫛田正夫「櫛田大佐業務日誌」（防衛省防衛研究所所蔵）
小林修治郎「比島戦についての質問解答」（防衛省防衛研究所所蔵）

参謀本部第二課「北支事変業務日誌」（防衛省防衛研究所所蔵）
高嶋辰彦「高嶋辰彦陸軍少将日記　1／4」（防衛省防衛研究所所蔵）
田中新一「支那事変記録　其の二」（防衛省防衛研究所所蔵）
富永恭次「冨永恭次回想録　その二」（防衛省防衛研究所所蔵）
二宮義清「半生の記　其二」（防衛省防衛研究所所蔵）
武藤章「比島日記　貳」（宮田家所蔵）

寺内寿一宛武藤章書簡（「寺内寿一関係文書」国立国会図書館憲政資料室所蔵）
永田秀次郎宛武藤章書簡（「永田秀次郎・亮一関係文書」国立国会図書館憲政資料室所蔵）
武藤法夫宛一木千秋書簡（武藤家所蔵）

書籍

朝日新聞法廷記者団『東京裁判』下　東京裁判刊行会　一九六二年
有末精三『有末精三回顧録』芙蓉書房　一九七四年
有末精三『政治と軍事と人事――参謀本部第二部長の手記』芙蓉書房　一九八二年
井川忠雄著、伊藤隆・塩崎弘明編『井川忠雄日米交渉資料』山川出版社　一九八二年

池田純久『日本の曲り角――軍閥の悲劇と最後の御前会議』千城出版　一九六八年
池田俊彦『生きている二・二六』文藝春秋　一九八七年
石原莞爾著、玉井禮一郎編『石原莞爾選集2　ベルリンから妻へ』たまいらぼ　一九八五年
一木千秋著、吉田勉編『アシン　回想の比島戦』早稲田速記　一九九九年
伊藤隆『大政翼賛会への道――近衛新体制』講談社　二〇一五年
伊藤隆・廣橋眞光・片島紀男編『東條内閣総理大臣機密記録――東條英機大将言行録』東京大学出版会　一九九〇年
伊藤正徳監修、週刊文春編『人物太平洋戦争』文藝春秋新社　一九六一年
稲葉正夫監修、上法快男編『陸軍大学校』芙蓉書房　一九七三年
今井武夫『支那事変の回想』みすず書房　一九六四年
今岡豊『石原莞爾の悲劇』芙蓉書房　一九八一年
今村均『私記・一軍人六十年の哀歓』芙蓉書房　一九七〇年
井本熊男『支那事変作戦日誌』芙蓉書房出版　一九九八年
岩井秀一郎『多田駿伝――「日中和平」を模索し続けた陸軍大将の無念』小学館　二〇一七年
岩井秀一郎『永田鉄山と昭和陸軍』祥伝社　二〇一九年
岩井秀一郎『最後の参謀総長　梅津美治郎』祥伝社　二〇二一年

岩井秀一郎『今村均――敗戦日本の不敗の司令官』PHP研究所 二〇二三年
臼井勝美・稲葉正夫編『現代史資料(9) 日中戦争(二)』みすず書房 一九六四年
宇都宮直賢『回想の山下裁判』白金書房 一九七五年
ウルリヒ・ヘルベルト著、小野寺拓也訳『第三帝国――ある独裁の歴史』KADOKAWA 二〇二一年
A・フランク・リール著、下島連訳『山下裁判』上 日本教文社 一九五二年
岡義武『近代日本の政治家』岩波書店 一九九〇年
尾崎義春『陸軍を動かした人々』八小堂書店 一九六〇年
外務省編『日本外交文書 日米交渉一九四一年』上巻・下巻 外務省 一九九〇年
角田順編『石原莞爾資料[増補版]国防論策篇』原書房 一九八四年
片倉衷『片倉参謀の証言 叛乱と鎮圧』芙蓉書房 一九八一年
川田稔『昭和陸軍の軌跡――永田鉄山の構想とその分岐』中央公論新社 二〇一一年
川田稔『石原莞爾の世界戦略構想』祥伝社 二〇一六年
川田稔『武藤章――昭和陸軍最後の戦略家』文藝春秋 二〇二三年
川田稔編『近衛文麿と日米開戦――内閣書記官長が残した「敗戦日本の内側」』祥伝社 二〇一九年
河辺虎四郎『河辺虎四郎回想録――市ヶ谷台から市ヶ谷台へ』毎日新聞社 一九七九年
木戸幸一著、木戸日記研究会校訂『木戸幸一日記』上巻・下巻 東京大学出版会 一九六六年

極東国際軍事裁判所編『極東国際軍事裁判速記録』第7巻 雄松堂書店 一九六八年
栗原賀久『運命の山下兵団――フィリピン作戦の実相』講談社 一九七四年
軍事史学会編『大本営陸軍部戦争指導班 機密戦争日誌 新装版』上・下 錦正社 二〇〇八年
軍事史学会編、黒沢文貴・相澤淳監修『海軍大将嶋田繁太郎備忘録・日記Ⅰ』錦正社 二〇一七年
河野司編『二・二六事件 獄中手記・遺書』河出書房新社 一九七二年
児島襄『太平洋戦争』(下) 中央公論社 一九七四年
児島襄『史説 山下奉文』文藝春秋 一九七九年
小林龍夫・稲葉正夫・島田俊彦編『現代史資料(12) 日中戦争(四)』みすず書房 一九六五年
小山完吾『小山完吾日記――五・一五事件から太平洋戦争まで』慶應通信 一九五五年
酒井三郎『昭和研究会――ある知識人集団の軌跡』中央公論社 一九九二年
笹川良一述、桜洋一郎編『笹川良一の見た巣鴨の表情――戦犯獄中秘話』文化人書房 一九四九年
佐藤賢了『軍務局長の賭け――佐藤賢了の証言』芙蓉書房 一九八五年
澤地久枝『暗い暦――二・二六事件以後と武藤章』エルム 一九七五年
サンケイ新聞社『蔣介石秘録12 日中全面戦争』サンケイ出版 一九七六年
参謀本部編『杉山メモ(普及版)』上 原書房 一九八九年
ジョン・G・ルース著、山田寛訳、日暮吉延監修『スガモ尋問調書』読売新聞社 一九九五年

新名丈夫編『海軍戦争検討会議記録――太平洋戦争開戦の経緯』毎日新聞社 一九七六年
末松太平『私の昭和史』みすず書房 一九六三年
田浦雅徳・古川隆久・武部健一編『武部六蔵日記』芙蓉書房出版 一九九九年
高木惣吉『自伝的日本海軍始末記――帝国海軍の内に秘められたる栄光と悲劇の事情』光人社 一九九五年
高杉洋平『昭和陸軍と政治――「統帥権」というジレンマ』吉川弘文館 二〇二〇年
高橋正衛『昭和の軍閥』中央公論社 一九六九年
田中隆吉『裁かれる歴史――敗戦秘話』長崎出版 一九八五年
筑紫二郎編『大いなる熊本陸軍幼年学校』熊幼会 一九六八年
土橋勇逸『軍服生活四十年の想出』勁草出版サービスセンター 一九八五年
筒井清忠『昭和期日本の構造――二・二六事件とその時代』講談社 一九九六年
筒井清忠『昭和十年代の陸軍と政治――軍部大臣現役武官制の虚像と実像』岩波書店 二〇〇七年
テレビ東京編『証言・私の昭和史3 太平洋戦争前期』文藝春秋 一九八九年
東郷茂徳『時代の一面――大戦外交の手記』中央公論社 一九八九年
ドムチョクドンロプ著、森久男訳『徳王自伝――モンゴル再興の夢と挫折』岩波書店 一九九四年
内政史研究会編『萱場軍蔵氏談話速記録』内政史研究会 一九六七年
永田鉄山刊行会編『秘録 永田鉄山』芙蓉書房 一九七二年

中村隆英・伊藤隆・原朗編『現代史を創る人びと』2 毎日新聞社 一九七一年
中村菊男編『昭和陸軍秘史』番町書房 一九六八年
西浦進『昭和戦争史の証言――日本陸軍終焉の真実』日本経済新聞出版社 二〇一三年
西浦進『昭和陸軍秘録――軍務局軍事課長の幻の証言』日本経済新聞出版社 二〇一四年
日本近代史料研究会編『稲田正純氏談話速記録』日本近代史料研究会 一九六九年
日本近代史料研究会編『亀井貫一郎氏談話速記録』日本近代史料研究会 一九七〇年
日本国際政治学会 太平洋戦争原因研究部編『太平洋戦争への道 開戦外交史 第四巻 日中戦争 下』朝日新聞社 一九六三年
日本国際政治学会 太平洋戦争原因研究部編『太平洋戦争への道 開戦外交史 第五巻 三国同盟・日ソ中立条約』朝日新聞社 一九六三年
秦郁彦『昭和史の軍人たち』文藝春秋 一九八二年
秦郁彦『盧溝橋事件の研究』東京大学出版会 一九九六年
畑俊六著、伊藤隆・照沼康孝編『続・現代史資料(4) 陸軍 畑俊六日誌』みすず書房 一九八三年
波多野澄雄『幕僚たちの真珠湾』吉川弘文館 二〇一三年
波多野澄雄・茶谷誠一編『金原節三陸軍省業務日誌摘録 前編』現代史料出版 二〇一六年
服部聡『松岡外交――日米開戦をめぐる国内要因と国際関係』千倉書房 二〇一二年

服部卓四郎『大東亜戦争全史』原書房　一九六五年
林広一『革命成らず――二・二六事件の真相』毎日新聞社　一九五九年
原田熊雄『西園寺公と政局』第三・八巻　岩波書店　一九五一、一九五二年
広瀬順晧監修『戦争調査会事務局書類　第8巻　15資料原稿綴二㊦』ゆまに書房　二〇一五年
広中一成『ニセチャイナ――中国傀儡政権　満洲・蒙疆・冀東・臨時・維新・南京』社会評論社　二〇一三年
深瀬和巳編『熊本陸軍幼年学校』熊幼会本部　一九九八年
藤沼庄平『私の一生』「私の一生」刊行会　一九五七年
舩木繁『支那派遣軍総司令官　岡村寧次大将』河出書房新社　一九八四年
古川隆久『東条英機――太平洋戦争を始めた軍人宰相』山川出版社　二〇〇九年
古川隆久『近衛文麿』吉川弘文館　二〇一五年
防衛庁防衛研修所戦史室『戦史叢書　インパール作戦　ビルマの防衛』朝雲新聞社　一九六八年
防衛庁防衛研修所戦史部『戦史叢書　海軍捷号作戦〈1〉台湾沖航空戦まで』朝雲新聞社　一九七〇年
防衛庁防衛研修所戦史室『戦史叢書　捷号陸軍作戦〈1〉レイテ決戦』朝雲新聞社　一九七〇年
防衛庁防衛研修所戦史室『戦史叢書　捷号陸軍作戦〈2〉ルソン決戦』朝雲新聞社　一九七二年
防衛庁防衛研修所戦史室『戦史叢書　大本営陸軍部大東亜戦争開戦経緯〈1〉』朝雲新聞社　一九七三年
防衛庁防衛研修所戦史室『戦史叢書　大本営陸軍部大東亜戦争開戦経緯〈2〉』朝雲新聞社　一九七三年

防衛庁防衛研修所戦史室『戦史叢書　大本営陸軍部大東亜戦争開戦経緯〈4〉』朝雲新聞社　一九七四年
防衛庁防衛研修所戦史室『戦史叢書　関東軍〈2〉関特演・終戦時の対ソ戦』朝雲新聞社　一九七四年
防衛庁防衛研修所戦史室『戦史叢書　支那事変陸軍作戦〈1〉昭和十三年一月まで』朝雲新聞社　一九七五年
保科善四郎『大東亜戦争秘史——失われた和平工作』原書房　一九七五年
堀栄三『大本営参謀の情報戦記——情報なき国家の悲劇』文藝春秋　一九九六年
牧野邦昭『経済学者たちの日米開戦——秋丸機関「幻の報告書」の謎を解く』新潮社　二〇一八年
松井忠雄『内蒙三国志』原書房　一九六六年
松下芳男編『山紫に水清き　仙台陸軍幼年学校史』仙幼会　一九七三年
松村秀逸『大本営発表』日本週報社　一九五二年
松村秀逸『三宅坂——軍閥は如何にして生れたか』東光書房　一九五二年
松本重治著、蠟山芳郎編『近衛時代——ジャーナリストの回想』(下)　中央公論社　一九八七年
武藤章著、上法快男編『軍務局長　武藤章回想録』芙蓉書房　一九八一年
武藤章『比島から巣鴨へ——日本軍部の歩んだ道と一軍人の運命』中央公論新社　二〇〇八年
森靖夫『永田鉄山——平和維持は軍人の最大責務なり』ミネルヴァ書房　二〇一一年
矢次一夫『昭和動乱私史』上・中　経済往来社　一九七一年
山本七平『昭和東京ものがたり1』日本経済新聞出版社　二〇一〇年

湯沢三千男『天井を蹴る』日本週報社　一九五六年
横山臣平『秘録 石原莞爾 新版』芙蓉書房出版　一九九五年
讀賣法廷記者著、清瀬一郎校閲『25被告の表情』労働文化社　一九四八年
和田日出吉『二・二六以後』偕成社　一九三七年

記事・論考

石川麒玖雄「山下奉文大将」（今井武夫・寺崎隆治他『日本軍の研究・指揮官』〈上〉一九八〇年
稲垣忠弘「武藤中将、副官の思い出」（『巨杉会会報』第七号）一九八七年
稲葉正夫「昭和戦争史講座（第一八回）関東軍の内蒙工作（一）」（『国防』一九六三年四月号）
稲葉正夫「昭和戦争史講座（第二一回）関東軍の内蒙工作（完）」（『国防』一九六三年七月号）
今村均「満州火を噴く頃」（『別冊知性5 秘められた昭和史』）一九五六年
S・ケンワージー「米憲兵隊長・市ヶ谷の記録――私のみたA級戦犯の人々」（『文藝春秋』一九五三年新年特別号）
小田桐誠「日米開戦に反対だった東条英機〝三年間の軌跡〟」（『政界往来』一九八四年四月号）
笠松弘「太平洋戦争期・陸軍の対外観――軍務局長 武藤章を中心として」（兵庫教育大学大学院）二〇〇五年

加登川幸太郎「レイテ決戦『不運』の将軍」（『丸別冊　太平洋戦争証言シリーズ⑰　回想の将軍・提督――幕僚の見た将帥の素顔』）一九九一年
瀬戸口寅雄「戦争と大和撫子」（『政界往来』三九号第七巻）一九七三年
高田元三郎他「執筆者一〇〇人の記録と告白」（『潮』一九七一年十月号）
田中新一「日華事変拡大か不拡大か」（『別冊知性5　秘められた昭和史』）一九五六年
細川隆元「実録朝日新聞㈦」（『人物往来』一九五七年新月号）
本田清悟「A級戦犯武藤章と戦争⑥」（「熊本日日新聞」二〇一五年十二月二十六日）
前原透「日本陸軍へのクラウゼヴィッツの影響㊤――兵語『殲滅』『殲滅戦』などから」（『季刊・軍事史学』第七三号）一九八三年
俣木国義「山下将軍の雨ガッパ」（『文藝春秋』一九七四年四月号）
松岡英夫「首相官邸の五十年」（『中央公論』一九七五年三月特大号）
武藤章「クラウゼヴィッツ、孫子の比較研究」（『偕行社記事』第七〇五号）一九三三年
武藤章「国際情勢と日本」（『信濃教育』第五六一号）一九三三年
武藤章「国防国家完成の急務」（『内原青年講演集』第五・四巻）一九四一年
森山優「日米交渉から開戦へ」（筒井清忠編『昭和史講義――最新研究で見る戦争への道』）二〇一五年
矢次一夫「陸軍軍務局の支配者」（『文藝春秋臨時増刊　第二　昭和メモ　読本・現代史』）一九五四年

吉武敏一「ある将軍の手紙——誤解された武藤中将の人間性を解く」（『軍事研究』一九七六年七月号）

ウェブサイト

アジア歴史資料センター　https://www.jacar.go.jp/
国立国会図書館デジタルコレクション　https://dl.ndl.go.jp/
防衛省防衛研究所史料室　http://www.nids.mod.go.jp/military_archives/index.html

切りとり線

★読者のみなさまにお願い

この本をお読みになって、どんな感想をお持ちでしょうか。祥伝社のホームページから書評をお送りいただけたら、ありがたく存じます。今後の企画の参考にさせていただきます。また、次ページの原稿用紙を切り取り、左記まで郵送していただいても結構です。

お寄せいただいた書評は、ご了解のうえ新聞・雑誌などを通じて紹介させていただくこともあります。採用の場合は、特製図書カードを差しあげます。

なお、ご記入いただいたお名前、ご住所、ご連絡先等は、書評紹介の事前了解、謝礼のお届け以外の目的で利用することはありません。また、それらの情報を6カ月を越えて保管することもありません。

〒101-8701（お手紙は郵便番号だけで届きます）
祥伝社　新書編集部
電話03（3265）2310
祥伝社ブックレビュー　www.shodensha.co.jp/bookreview

★本書の購買動機（媒体名、あるいは○をつけてください）

＿＿＿＿新聞の広告を見て	＿＿＿＿誌の広告を見て	＿＿＿＿の書評を見て	＿＿＿＿の Web を見て	書店で見かけて	知人のすすめで

★100字書評……軍務局長 武藤章

名前

住所

年齢

職業

岩井秀一郎　いわい・しゅういちろう

歴史研究者。1986年、長野県生まれ。2011年、日本大学文理学部史学科卒業。以後、昭和史を中心とした歴史研究・調査を続けている。著書に、『多田駿伝』（山本七平賞奨励賞受賞）『渡辺錠太郎伝』（共に小学館）、『服部卓四郎と昭和陸軍』『今村均』（共にPHP新書）、『永田鉄山と昭和陸軍』『一九四四年の東條英機』『最後の参謀総長 梅津美治郎』（いずれも祥伝社新書）がある。

軍務局長《ぐんむきょくちょう》 武藤章《むとうあきら》

岩井秀一郎《いわいしゅういちろう》

2024年2月10日　初版第1刷発行

発行者………………辻 浩明
発行所………………祥伝社《しょうでんしゃ》
〒101-8701　東京都千代田区神田神保町3-3
電話　03(3265)2081(販売部)
電話　03(3265)2310(編集部)
電話　03(3265)3622(業務部)
ホームページ　www.shodensha.co.jp

装丁者………………盛川和洋
印刷所………………萩原印刷
製本所………………ナショナル製本

Printed in Japan　ISBN978-4-396-11694-1　C0221

〈祥伝社新書〉
昭和史

460
石原莞爾の世界戦略構想
希代の戦略家にて昭和陸軍の最重要人物、その思想と行動を徹底分析する
名古屋大学名誉教授 川田 稔

575
永田鉄山と昭和陸軍
永田ありせば、戦争は止められたか？ 遺族の声や初公開写真も収録
歴史研究者 岩井秀一郎

612
一九四四年の東條英機
1944年、東條が行なった選択とは？ 近代日本の「欠陥」が浮かび上がる
岩井秀一郎

647
最後の参謀総長 梅津美治郎
梅津を通して終戦に至る道を追う。梅津家の取材で得た貴重な証言と写真も掲載
岩井秀一郎

634
幻の本土上陸作戦 オリンピック作戦の全貌
アメリカ陸軍による日本殲滅を目論んだ作戦の全貌を掘り起こす
NHK「果てなき殲滅戦」取材班＋中津海法寛